춤, 영화
명대사로 만나는
스크린 영어

춤, 영화 명대사로 만나는 스크린 영어

초판 1쇄 인쇄일 2022년 04월 14일
초판 1쇄 발행일 2022년 05월 10일

지은이 전영희 이찬주
펴낸이 양옥매
디자인 표지혜
마케팅 송용호
교   정 조준경 김민정

펴낸곳 도서출판 책과나무
출판등록 제2012-000376
주소 서울특별시 마포구 방울내로 79 이노빌딩 302호
대표전화 02.372.1537 팩스 02.372.1538
이메일 booknamu2007@naver.com
홈페이지 www.booknamu.com
ISBN 979-11-6752-113-2 (03740)

춤, 영화
명대사로 만나는
스크린 영어

전영희 이찬주 * 지음

우리는 매일 영어를 만난다. 대한민국에 살고 있으면서도 우리는 매일 영어를 만날 수밖에 없다. 어떤 이는 아주 매끄럽게 영어를 구사하고 의사소통을 해 댄다. 또 어떤 많은 이는 그 모습을 보면서 나는 언제쯤이나 저런 영어 소통 능력을 갖출 수 있을까 하고 한숨을 쉬기도 한다. 답답한 일이다.

더구나 우리는 세계화된 환경 속에서 살아가고 있다. 이러한 환경 속에서 자유로운 생활을 영위하기 위해서는 우선 의사소통의 문제, 즉 언어 문제를 해결해야 하며, 이는 곧 영어의 벽을 뛰어넘어야 함을 의미한다.

그렇게 오랫동안 학교교육을 통해 영어를 공부해 왔건만 우리는 영어 앞에서 벙어리가 되고 만다. 영어를 두려워하고, 듣고 말하는 데 어려움을 겪고 있는 것이 현실이다. 이는 우리가 영어를 읽고 이해하는 방식으로 공부해 왔기 때문일 것이다. 단어를 암기하고 문장을 이해하고 해석에 주력하는 그간의 공부 방식으로 인해, 그렇게 많은 단어를 알고 있고 그 어려운 문장을 해석하고 이해할 수 있어도 영어 원어민(native speaker) 앞에만 서면 꿀 먹은 벙어리가 되어 버린다.

《춤, 영화 명대사로 만나는 스크린 영어》는 이러한 우리의 모습을 바꾸어 줄 수 있는 의미 있는 방식을 제안한다. 그것도 아주 재미있는 내용으로 우리의 생활과 친숙한 재미있는 표현을 통해 영어의 삶에 빠지도록 이끌어 준다.

다음에 열거되는 영화의 제목을 보라. 〈타이타닉〉, 〈노트북〉, 〈뉴욕의 가을〉, 〈물랑 루즈〉, 〈어둠 속의 댄서〉, 〈마틸다: 황제의 연인〉, 〈라라랜드〉, 〈빌리 엘리어트〉, 〈더티 댄싱〉, 〈여인의 향기〉, 〈탱고 레슨〉, 〈사랑과 슬픔의 볼레로〉. 이 중 한 번이라도 들어보지 못한 제목이 있는가? 영화는 보지 못했더라도 우리의 관심과 흥미를 유발했던 명작들이다. 그리고 기회가 된다면 꼭 (다시) 보고 싶은 작품들이다.

명작들 속의 캐릭터들은 어떤 어휘를 어떻게 인상적인 방식으로 구사하고 있을까? 궁금하지 않은가? 이 책과 접하면서 여러분은 그 대작들 속의 명연기자가 되는 경험을 누리게 되며, 자연스레 생활 속의 영어 표현과 친숙해질 것이다.

이제 영어는 만국공통어가 되었다. 여러분이 더 넓은 세계로 나가고자 할 때, 더 다양한 지식과 정보를 접하고자 할 때, 영어 의사소통 능력은 강력한 도구로 작용할 것이다. 그리고 이 책은 여러분들을 정말로 재미있게 그 세계로 안내할 것이다.

다른 책에서는 접할 수 없는 풍성한 표현들로 가득하고, 페이지를 넘길 때마다 영화를 보는 듯한 재미의 세계로 빠져들 것이다. 이 책을 통해 영어를 자유롭게 구사하고자 하는 여러분의 바람이 자연스레 해소되리라 확신하며 이 책을 감히 추천한다.

한양대학교 교수 **정기수**

내 인생의 길잡이가 된 명대사들이 있다. 나는 그것을 가끔 기쁘거나 슬프거나 어떤 도전과 절망의 순간에 떠올리며 종종 읊기도 한다. 누군가는 간결함 안에 묵직함이 있고, 살아 있는 인간의 육성으로 다가오기 때문이라고 말한다. 우리는 삶의 지혜가 담긴 말들 속에서 문장과 마주하며 보았던 그 영화를 다시 찾아보곤 한다.

저자는 하나의 언어를 더 할 수 있다는 것은 가진 게 없거나 재주가 없어도 인생의 무대를 확장하고 우주를 넓힐 수 있게 도와준다는 데 동의한다. 그뿐만 아니라 뇌 건강을 위해 외국어를 배운다는 것에도 찬성한다. 산제이굽타는 《킵샤프》라는 책을 통해 뇌도 근육처럼 관리하면 늙지 않는다고 주장하고, 30년 치매학자 한설희 신경과 교수도 성인이 된 후 외국어 학습을 하면 평소 안 쓰던 뇌 영역까지 활용하여 치매의 위험도 낮추고 증상도 낮춘다고 말한다.

이중 언어를 사용하는 것은 적극적인 두뇌 활성화를 일정 기간 지속하면서 시냅스 재구성을 통해 신경네트워크가 촘촘해져 신경 퇴행과 뇌 위축 완화도 효과적이라 한다. 이에 누구에게나 영화 감상으로 우리의 몸속에 엔도르핀을 돌게 하고 더불어 즐거운 취미 활동으로서의 영어 공부가 되길 제안한다.

전공인 춤과 관련된 12편의 영화를 선정하되, 모두 인기가 많았고

감명 깊었던 훌륭한 영화들로 구성했다. 영화 속 춤이라는 범위에서 한정해서 쓰기 시작한 이 책은 긴 명언의 전문성을 띠기보다는 간단히 말하기 쉬운 대사를 골라 정리하는 방향으로 선정했다. 그리고 부록에서 잠시 명언을 선보였고, 긴 문장은 다음 단계 책에서 만나길 기대한다.

본 저서는 '영화 속 춤을 만나다'에서 우선 간략하게 영화 소개를 한 후, 이어 '도전 스크린 영어'를 통해 일반인들이 쉽게 365일에 걸쳐 하루에 3문장씩으로 가볍게 접근할 수 있게 하였다. '대사 속 문법을 만나다'에서는 문법에 대한 설명을 간단히 넣었으며, '실전 말해 보기'를 통해 혼자서도 연습할 수 있게 구성하였다. 열두 달에 걸친 대사는 유튜브(영선생PR)를 통해 배우들의 육성으로 바로 듣고 따라 하기도 가능하다.

끝으로 이 책을 맡아 주신 책과나무 출판사 그리고 추천사를 써 주신 정기수 교수님께 감사드린다. 또한 저자가 간추린 문장은 20대에서 60대까지 다양한 연령대의 사람들이 배우고 싶어 하는 대사를 고른 것이며, 그들의 요청에 의해 '실전 말해 보기'를 추가했다. 설문에 참여해 주신 분들께도 감사의 말을 전한다.

아무쪼록 이 책이 많은 이들에게 소소한 즐거움이 되길 바란다.

2022년 5월 이찬주·전영희

차 례

Part 1. 아름답고 슬픈, 춤과 사랑

....

Part 2. 댄스, 꿈과 열정으로

....

일러두기

이 책은 2020년 6월~2021년 4월 〈문화산책〉 게재 글의 원고를 늘리고 수정하여 집필함.

아름답고
슬픈,
춤과 사랑

I've loved another with all my heart and soul
and for me that has always been enough.

온 마음과 정신으로 한 사람을 사랑해 왔고
내겐 그것이면 늘 충분해요.

_영화 〈노트북〉 중에서

1. 대양의 심장 같은 사랑
타이타닉

중국이 쓰촨성에 무려 10억 위안(한화 약 1,753억 원)을 들여 타이타닉호를 실물 그대로 재현한다는 소식이 화제였다. 한 세기 전의 이야기이지만 호화 여객선 타이타닉호는 여전히 많은 이들에게 상징성을 갖고 있으며, 아주 비극적인 사고로 기억되고 있다.

1912년 타이타닉호는 승객 2,200여 명을 태우고 영국에서 출항해 미국에 도착할 예정이었으나, 출항 나흘 만에 빙산과 충돌해 차디찬 바닷속으로 침몰했다.

1997년 제임스 카메론 감독은 〈타이타닉(Titanic)〉(1997)을 제작했고, 출항부터 침몰까지 긴박했던 72시간을 스크린에 담았다. 이 영화는 전 세계인의 사랑을 받은 OST 〈My Heart will go on(Celine Dion)〉으로도 너무나 유명하다. 이 노래가 울려 퍼지면 뱃머리에 올라서서 양팔을 활짝 펴고 바다를 향해 날아가듯 선 남녀 주인공의 모습이 자연스레 떠오른다.

선원이자 화가인 자유로운 영혼 잭(레오나르도 디카프리오 분)은 포커 판에서 딴 티켓으로 타이타닉호 3등실에 승선한다. 우연히 갑부의 약혼녀 로즈(케이트 윈슬렛 분)와 운명적으로 마주치게 되고, 늦은 밤 뱃머리에서 바다로 뛰어들려는 로즈를 잭이 구하게 된다. 다음 날 1등실 저녁 만찬 파티에 초대받은 잭은 로즈 어머니의 떨떠름한 태도에도 아랑곳하지 않고 로즈에게 남몰래 쪽지를 건넨다. 바로 3등실에 초대한다는 내용의 쪽지였다.

로즈는 잭을 따라 내려간 3등실에서 펼쳐지는 파티를 경험하며 어린아이처럼 좋아한다. 상류층의 고상하고 우아하지만 숨 막힐 듯 답답한 파티에서 벗어나 '진짜 파티'를 몸소 겪으며 로즈는 잭의 리드를 따라 아이리시 탭댄스를 흥겹게 춘다. 경쾌하게 바닥을 두들기는 소리, 그 소리를 따라 울려 퍼지는 박수 소리, 형식도 제약도 없이 자유롭게 춤추며 로즈는 살아 있음을 느낀다. 아버지의 파산 위기로 원하지 않는 정략결혼을 앞둔 로즈는 선물 같은 시간에 빠져든다.

로즈는 약혼자의 감시를 피해 잭과 만나 그에게 자신의 벗은 몸을 그려 달라고 말한다. 유일하게 로즈가 걸치고 있던 것은 약혼자에게 선물 받은 '대양의 심장(The Heart of the Ocean)'이라 불리는 블루 다이아몬드 목걸이뿐이었다. 잭과 로즈는 서로의 마음을 확인하고 미국에 닿으면 함께하자 약속하지만 타이타닉호가 빙산과 충돌하면서 생사의 기로에 서게 된다.

잭의 희생으로 로즈는 살아남아 101세의 백발이 무성한 할머니의 모습으로 여전히 잭을 그리워하며 살아간다. 타이타닉호의 보물을 찾던 탐사대는 목걸이 대신 금고에 잠들어 있던 그림을 발견하고, 뉴스 보도 이후 그 그림이 자신의 것임을 밝히는 노부인이 탐사선에 오르게 된다.

타이타닉호는 탐사대에 의해 잃어버린 시간을 되찾고, 다시 웅장한 위용을 드러내며 배와 함께 침몰한 사람들이 화려한 춤을 이어 간다. 깊은 밤 뱃머리에 다시 선 노부인 로즈는 오랫동안 간직하고 있던 블루 다이아몬드 목걸이 '대양의 심장'을 바닷속으로 던진다. 오랫동안 남몰래 간직해 온 사랑이 바닷속으로 잠기며, 젊은 날 사람들의 환호 속에서 입을 맞추는 잭과 로즈의 모습이 등장한다.

잭은 로즈라는 바다에서, 타이타닉호와 침몰했던 사람들은 누군가의 기억이라는 바다에서 영원히 살아 숨 쉴 터이다.

도전 스크린 영어 ✍

Day 1

To see the sad ruin of the great ship sitting here…

이곳에 묻힌 멋진 배의 잔해로 보이겠지만…

After her long fall…

오랜 침수 후에…

From the world above.

세상에서 분리된 채로.

Day 2

All right, enough of that bullshit.

좋아, 쓸데없는 말 말고.

We're good. We're good. Just chill, boss.

좋아요, 좋아. 긴장 풀고요, 보스.

We're in.

우리 진입했어.

Day 3

It's payday, boys.

계 타는 날이야, 이봐들.

Brock, the partners would like to know how it's going.

부룩, 파트너에게 어떻게 되어 가는지 알려 줘.

Don't worry about it. There's still plenty of places it could be.

걱정 마. 가능한 장소가 아직 많이 남아 있어.

Day 4

Trust me, buddy. You want to take this call.

절 좀 믿으세요. 받아 보셔야 할 전화예요.

Told you, you wanted to take the call.

받아 볼 만하다고 말씀드렸죠.

All right, you have my attentions Rose.

맞아요, 관심이 생기는군요. 로즈 양.

Day 5

Look, I've already done the background on this woman all the way back to 20s.

보세요, 제가 벌써 이 여자분 뒷조사를 20대까지 해 봤어요.

Are your staterooms all right?

개인 전용실은 괜찮으신가요?

Wasn't I a dish?

나도 괜찮았었지?

Day 6

So the diamond had to have gone down with the ship.

그래서 그 다이아몬드는 배와 같이 가라앉았어요.

And it looks the same as it did the last time I saw it.

제가 봤을 때랑 완전 똑같군요.

Are you ready to go back to Titanic?

타이타닉 시절로 돌아가 볼까요?

Day 7

Floods, and finally goes under about 2:20 AM.

2 hours and 40 minutes after the collision

물이 차오르고, 마침내 새벽 2시 20분경에 가라앉았죠.

침몰 2시간 40분 만에요.

Somewhat different.

감회가 다르네요.

It's okay. Just try to remember anything… anything at all.

좋아요. 아무것이나 생각해 내 보세요… 아무것이나요.

Day 8

And I can still smell the fresh paint.

…여전히 그 새 페인트 냄새도 기억나요.

Jack, you bet everything we have.

넌 우리가 가진 걸 다 걸었어.

When you got nothing, you got nothing to lose.

아무것도 없으면, 잃을 것도 없는 거야.

Day 9

Someone's life is about to change.

인생이 뒤집힐 참이군.

I'm sorry, Fabrizio.

미안하게 됐네, 파브리지오.

We're riding in high style now!

우리가 지금 최고의 배에 탑승하는 거라고!

Day 10

We're the luckiest sons of bitches in the world. You know that?

우리가 세상에서 가장 운 좋은 놈들이라니까. 알기는 해?

Like being inside a dream or something.

꿈 내지는 그 무언가 같은 것 말이야.

History would call her the Unsinkable Molly Brown.

아직도 회자되고 있는 몰리브라운이 타고 있었지.

Day 11

Hope you can handle her.

그녀를 감당할 수 있길 바라.

Let us know where we rank in the scheme of things.

우리 처지를 알라는 거군.

You'd as like have angels fly out of your arse as get next to⋯ the likes of her.

오르지 못할 나무는 쳐다보지도 말랬어.

Day 12

I saw my whole life as if I'd already lived it.

난 내 미래를 훤히 보고 있었어.

Always the same narrow people, the same mindless chatter.

따분하고 한심한 위선적인 대화를 하는 사람들 말이지.

You're distracting me. Go away.

날 방해하지 말아요. 가요.

Day 13

Tell you the truth⋯ I'm a lot more concerned about that water being so cold.

사실 말하자면⋯ 물속이 더 추울 게 훨씬 더 걱정이에요.

You just seem like, you know, kind of an indoor girl.

워낙 곱게 자란 분 같아서요.

You can't think. Least not about anything but the pain.

생각 따윈 못해요. 오직 고통밖에 못 느끼죠.

Day 14

I guess I'm kind of hoping you'll come back over the rail and get me off the hook here.

애꿎은 사람 고생시키지 말고… 이리 넘어와요.

What made you think that you could put your hands on my fiancée!

내 약혼녀 몸에 손을 대다니!

I was leaning far over to see the, uh.

뭘 좀 보려고 기대 있었어요.

Day 15

Like I said, women and machinery do not mix.

내가 말했다시피, 여자와 기계는 안 어울리지.

Perhaps a little something for the boy?

보상해야 하지 않을까?

Perhaps you could join us for dinner tomorrow evening.

괜찮다면 내일 저녁 식사 때 저녁 함께하지.

Day 16

I know you've been melancholy.

울적한 심정 알아.

It's overwhelming.

부담스럽군요.

You know, there's nothing I couldn't give you.

당신에게 줄 수 없는 것은 없어.

Day 17

There's nothing I'd deny you.

당신에게 다 해 줄 거야.

If you would not deny me…

당신만 날 받아 준다면…

I want to thank you for what you did.

하신 일에 대해 감사드려요.

Day 18

I know what you must be thinking.

어떻게 생각할진 알아요.

What I was thinking was what could have happened to this girl to make her think she had no way out?

내가 생각하고 있던 건, 어쩌다 당신은 인생이 끝났다고 생각하게 되었을까 하는 거예요.

This is not a suitable conversation.

적절한 대화는 아니군요.

Day 19

And you've insulted me.

날 모욕했어요.

Ah, they didn't think too much of them in old Paree.

'파리'에선 알아주지도 않죠.

You see people.

사람들을 보는군요.

Day 20

You wouldn't have jumped.

뛰어내릴 상이 아니었어.

But the purpose of university is to find a suitable husband.

훌륭한 남편감을 찾는 게 급선무죠.

We're awfully sorry, you missed it.

아주 안타깝게 놓치셨네요.

Day 21

We are making excellent time.

시간은 충분합니다.

The press knows the size of Titanic.

언론에서 타이타닉의 규모를 알아야 하오.

Now, I want them to marvel at her speed.

자, 난 기자들을 타이타닉 속도에 놀라게 하고 싶다는 말이요.

Day 22

Just head out for the horizon whenever I feel like it.

자유를 느끼고 싶을 때마다 수평선을 향해 바라봐요.

Only if we just talk about it.

지금은 말뿐이지만.

Come on, I'll show you.

내가 가르쳐 줄게요.

Day 23

You and my son are just about the same size.

우리 아들이랑 딱 같은 치수네요.

You shine up like a new penny.

새 동전처럼 빛나네요.

Quite the scandal.

화젯거리가 됐었죠.

Day 24

Remember they love money.

그들이 돈을 좋아한다는 걸 기억해.

Just pretend like you own a gold mine and you're in the club.

금광을 가지고 있고 클럽 회원인 것처럼 행동해.

He must have been nervous, but he never faltered.

분명 긴장했을 테지만, 그는 흔들림이 없었지.

Day 25

Mother, of course, could always be counted upon.

물론, 엄마도 항상 연연해했지.

I work my way from place to place.

여기저기 떠돌며 일을 했죠.

You take life as it comes at you.

인생이 흐르는 대로 받아들여야 해요.

Day 26

Make each day count.

하루하루를 소중히 여기며 말이죠.

What? You think a first-class girl can't drink?

뭐요? 1등 칸 여자는 술도 못 마실까 봐요?

You will never behave like that again, Rose.

다신 그렇게 하지 말아요, 로즈.

Day 27

My wife in practice, if not yet by law, so you will honor
me!

법적으론 아직 아니지만 내 아내고, 날 존경해야 해!

Is this in any way unclear?

내 말이 틀려?

Of course it's gone. You remind me every day.

알아요. 돈 없는 것을요. 엄마가 매일 깨닫게 해 주잖아요.

Day 28

How can you put this on my shoulders?

어떻게 제가 책임을 지울 수가 있어요?

We're women.

우린 여자들일 뿐이잖아.

Our choices are never easy.

선택의 여지가 없어.

Day 29

So, I was overruled.

그래서 제가 위반한 거죠.

It's not up to you to save me, Jack.

당신이랑 상관없이 날 위한 것이에요, 잭.

I changed my mind.

마음을 바꿨어요.

Day 30

That is true, but I'm not used to working in such horrible
conditions.

사실이지만, 그런 열악한 환경 속에서 일하진 않았어요.

Not as long as the cigars and brandy hold out.

술자리가 끝나기 전에는 절대로요.

I expect to get what I want.

내가 원하는 걸 기대하고 있어요.

Day 31

My heart was pounding the whole time.

나는 내내 심장이 두근거렸지.

It was the most erotic moment of my life.

인생에서 가장 에로틱한 순간이었어.

Maintain speed and heading, Mr. Lightoller.

속도 유지하고, 주시하게. 라이톨러 군.

※

Pretty tough for a valet, this fella.

객실 담당자가 끈질기네, 이 친구.

Did you see those guys' faces?

그놈들 얼굴 봤어?

I know. It doesn't make any sense.

나도 알아요. 말도 안 되는 것이죠.

Iceberg, right ahead!

빙하야, 오른쪽으로 돌려!

I've been robbed.

강도를 당했어요.

I think they're very good, sir.

아주 잘 그린 그림이네요.

We've been looking for you, miss.

당신을 찾고 있었어요.

This is most unfortunate, Captain.

아주 심각한 상황입니다, 선장님.

At this moment, no matter what we do….

이 상황에서, 우리가 무엇을 하든 간에….

How much time?

얼마나 걸릴까요?

Oh, it is a little slut, isn't it?

이 천한 것 같으니라고, 안 그래?

And I see it in your eyes.

당신의 눈에서 다 읽을 수 있어요.

I don't want to cause a panic.

대혼란은 일으키고 싶지 않아요.

It isn't time to go to the boats yet!

아직 보트 탈 때가 안 됐어요.

How did you find out I didn't do it?

내가 안 그랬다는 것을 어떻게 알았지?

You're gonna have to go find some help.

가서 도움을 청해 봐.

You're going the wrong way!

지금 반대로 가고 있다고요!

Now, there's something you don't see every day.

살다 보니 이런 광경도 보는군.

We'll need some insurance first. Come on.

우리 먼저 보험을 들어야 해요. 자, 어서.

Whatever we do, we've got to do it fast.

뭘 하든, 서둘러야 해.

I make my own luck.

챙길 건 챙겨야지.

Is every body all right? Nobody panic.

이상 없죠? 혼란스러워하지 마십시오.

I'm a businessman, as you know and I have a business proposition for you.

아시다시피 난 사업가요, 그래서 당신에게 지분을 남기겠소.

You look afraid.

겁에 질렸군요.

I'll be all right. Listen, I'll be fine.

괜찮아요. 괜찮을 거예요.

#궁금해요!

It's okay. Just try to remember anything… anything at all.

좋아요. 아무것이나 생각해 내 보세요… 아무것이나요.

try 동사는 to do(to 부정사)만 쓰나요?

try는 to do와 doing을 둘 다 쓸 수 있으나 뜻이 달라요.

try to do는 do를 하려고 '계속 노력한다'라는 뜻이며, try doing은 '한 번 해 보려 한다'라는 뜻이에요.

I expect to get what I want.

내가 원하는 걸 기대하고 있어요.

Expect 뒤에 to do 말고 doing을 쓰면 안 되나요?

expect 자체가 '~을 기대하다'라는 미래형 의미가 있으므로 to do를 써야 해요.

expect to do, expect는 to do(to 부정사)를 목적어로 사용하는 동사예요. to do는 미래에 할 것을 의미하고, doing은 과거, 현재에 한 것을 의미해요.

#간단한 구문 설명

I want to thank you for what you did.

하신 일에 대해 감사드려요.

thank you for는 '~에 대하여 감사하다'라는 뜻이며, 전치사는 for를
사용해요.

I work my way from place to place.

여기저기 떠돌며 일을 했죠.

'A에서 B까지'라는 뜻으로 쓸 때 전치사는 from A to B를 사용해요.
from과 to는 대칭을 이루는 전치사이기 때문에 뒤에는 꼭 명사가 와야
해요.

I've been robbed.

강도를 당했어요.

have been done은 완료 수동형이에요.

have done은 완료형으로 '해 버렸다'라고 해석하며 결과를 나타내요.

be done은 수동태를 나타내며, '되었다'라고 해석해요.

이 완료시제와 수동태가 합쳐져서 have been done(완료 수동), 즉 '~
되어 버렸다'가 돼요.

실전 말해 보기

Day 1

이곳에 묻힌 멋진 배의 잔해로 보이겠지만…

오랜 침수 후에…

세상에서 분리된 채로.

Day 2

좋아, 쓸데없는 말 말고.

좋아요, 좋아. 긴장 풀고요, 보스.

우리 진입했어.

Day 3

계 타는 날이야, 이봐들.

부룩, 파트너에게 어떻게 되어 가는지 알려 줘.

걱정 마. 가능한 장소가 아직 많이 남아 있어.

Day 4

절 좀 믿으세요. 받아 보셔야 할 전화예요.

받아 볼 만하다고 말씀드렸죠.

맞아요, 관심이 생기는군요. 로즈 양.

Day 5

보세요, 제가 벌써 이 여자분 뒷조사를 20대까지 해 봤어요.

개인 전용실은 괜찮으신가요?

나도 괜찮았었지?

Day 6

그래서 그 다이아몬드는 배와 같이 가라앉았어요.

제가 봤을 때랑 완전 똑같군요.

타이타닉 시절로 돌아가 볼까요?

Day 7

물이 차오르고, 마침내 새벽 2시 20분경에 가라앉았죠.

침몰 2시간 40분 만에요.

감회가 다르네요.

좋아요. 아무것이나 생각해 내 보세요… 아무것이나요.

Day 8

…여전히 그 새 페인트 냄새도 기억나요.

넌 우리가 가진 걸 다 걸었어.

아무것도 없으면, 잃을 것도 없는 거야.

Day 9

인생이 뒤집힐 참이군.

미안하게 됐네, 파브리지오.

우리가 지금 최고의 배에 탑승하는 거라고!

Day 10

우리가 세상에서 가장 운 좋은 놈들이라니까. 알기는 해?

꿈 내지는 그 무언가 같은 것 말이야.

아직도 회자되고 있는 몰리브라운이 타고 있었지.

Day 11

그녀를 감당할 수 있길 바라.

우리 처지를 알라는 거군.

오르지 못할 나무는 쳐다보지도 말랬어.

Day 12

난 내 미래를 훤히 보고 있었어.

따분하고 한심한 위선적인 대화를 하는 사람들 말이지.

날 방해하지 말아요. 가요.

Day 13

사실 말하자면… 물속이 더 추울 게 훨씬 더 걱정이에요.

워낙 곱게 자란 분 같아서요.

생각 따윈 못해요. 오직 고통밖에 못 느끼죠.

Day 14

애꿎은 사람 고생시키지 말고… 이리 넘어와요.

내 약혼녀 몸에 손을 대다니!

뭘 좀 보려고 기대 있었어요.

Day 15

내가 말했다시피, 여자와 기계는 안 어울리지.

보상해야 하지 않을까?

괜찮다면 내일 저녁 식사 때 저녁 함께하지.

Day 16

울적한 심정 알아.

부담스럽군요.

당신에게 줄 수 없는 것은 없어.

Day 17

당신에게 다 해 줄 거야.

당신만 날 받아 준다면…

하신 일에 대해 감사드려요.

Day 18

어떻게 생각할진 알아요.

내가 생각하고 있던 건, 어쩌다 당신은 인생이 끝났다고 생각하게 되었을까 하는 거예요.

적절한 대화는 아니군요.

Day 19

날 모욕했어요.

'파리'에선 알아주지도 않죠.

사람들을 보는군요.

Day 20

뛰어내릴 상이 아니었어.

훌륭한 남편감을 찾는 게 급선무죠.

아주 안타깝게 놓치셨네요.

Day 21

시간은 충분합니다.

언론에서 타이타닉의 규모를 알아야 하오.

자, 난 기자들을 타이타닉 속도에 놀라게 하고 싶다는 말이요.

Day 22

자유를 느끼고 싶을 때마다 수평선을 향해 바라봐요.

지금은 말뿐이지만.

내가 가르쳐 줄게요.

Day 23

우리 아들이랑 딱 같은 치수네요.

새 동전처럼 빛나네요.

화젯거리가 됐었죠.

Day 24

그들이 돈을 좋아한다는 걸 기억해.

금광을 가지고 있고 클럽 회원인 것처럼 행동해.

분명 긴장했을 테지만, 그는 흔들림이 없었지.

Day 25

물론, 엄마도 항상 연연해했지.

여기저기 떠돌며 일을 했죠.

인생이 흐르는 대로 받아들여야 해요.

Day 26

하루하루를 소중히 여기며 말이죠.

뭐요? 1등 칸 여자는 술도 못 마실까 봐요?

다신 그렇게 하지 말아요, 로즈.

Day 27

법적으론 아직 아니지만 내 아내고, 날 존경해야 해!

내 말이 틀려?

알아요. 돈 없는 것을요. 엄마가 매일 깨닫게 해 주잖아요.

Day 28

어떻게 제가 책임을 지울 수가 있어요?

우린 여자들일 뿐이잖아.

선택의 여지가 없어.

Day 29

그래서 제가 위반한 거죠.

당신이랑 상관없이 날 위한 것이에요, 잭.

마음을 바꿨어요.

Day 30

사실이지만, 그런 열악한 환경 속에서 일하진 않았어요.

술자리가 끝나기 전에는 절대로요.

내가 원하는 걸 기대하고 있어요.

Day 31

나는 내내 심장이 두근거렸지.

인생에서 가장 에로틱한 순간이었어.

속도 유지하고, 주시하게. 라이틀러 군.

※

객실 담당자가 끈질기네, 이 친구.

그놈들 얼굴 봤어?

나도 알아요. 말도 안 되는 것이죠.

빙하야, 오른쪽으로 돌려!

강도를 당했어요.

아주 잘 그린 그림이네요.

당신을 찾고 있었어요.

아주 심각한 상황입니다, 선장님.

이 상황에서, 우리가 무엇을 하든 간에….

얼마나 걸릴까요?

이 천한 것 같으니라고, 안 그래?

당신의 눈에서 다 읽을 수 있어요.

대혼란은 일으키고 싶지 않아요.

아직 보트 탈 때가 안 됐어요.

내가 안 그랬다는 것을 어떻게 알았지?

가서 도움을 청해 봐.

지금 반대로 가고 있다고요!

살다 보니 이런 광경도 보는군.

우리 먼저 보험을 들어야 해요. 자, 어서.

뭘 하든, 서둘러야 해.

챙길 건 챙겨야지.

이상 없죠? 혼란스러워하지 마십시오.

아시다시피 난 사업가요, 그래서 당신에게 지분을 남기겠소.

겁에 질렸군요.

괜찮아요. 괜찮을 거예요.

Dance

◆

Movies

◆

A

famous line

2. 혼자서 완성할 수 없는 춤을 추다
노트북

창밖으로 황혼에 물든 호수를 바라보는 노년의 여인의 모습으로 시작되는 영화 〈노트북(The Notebook)〉(2004)은 니콜라스 스파크스가 쓴 동명의 소설을 영화화한 것으로 국내에서도 큰 인기를 끌었다. 실제 노부부의 사랑 이야기에 착안한 것으로도 유명하다. 이 이야기는 요양원에서 지내고 있는 노년의 남자가 또 다른 노년의 여인에게 수첩에 적힌 이야기를 읽어 주고, 그 이야기가 영상으로 펼쳐지며 이어지는 흥미로운 스토리 구조를 갖고 있다.

1940년 미국, 여름휴가를 맞아 부모님과 함께 시골을 찾은 열일곱 살의 앨리(레이첼 맥아담스 분)는 가난한 제재소 직원인 노아(라이언 고슬링 분)와 유원지에서 운명처럼 마주치게 된다. 첫눈에 앨리에게 반한 노아는 관람차에 매달려 사귀어 달라며 구애하고, 앨리는 노아의 끈질긴 구애에 그를 허락하게 된다. 앨리는 노아 덕분에 부모의 그늘 아래 자유롭지 못하던 일상에서 잠시나마 벗어나게 된다.

앨리는 늦은 밤 신호등 아래 드러누워 갑자기 길 한복판에서 춤을 추자는 노아의 황당한 말에 "누가 길에서 춤을 춰?"라고 묻는다. 하지만 한 번도 느껴 보지 못했던 해방감에 가슴이 뛰고, 자신이 하지 못하는 것을 하며 자유로이 사는 노아와 단숨에 깊은 사랑에 빠지게 된다. 올드 재즈 〈I'll be seeing you(Billie Holiday)〉가 흘러나오고 둘은 어두운 밤, 가로등 불빛을 조명 삼아 서로의 몸에 의지해 한 발 한 발 내딛는다. 능숙하지도 세련되지도 않은 춤이지만 상대의 움직임에 몸을 맡기고 이리저리 흔들리는 모습이 서툴고도 애틋하기만 하다.

어느 날 둘은 폐가가 된 고풍스러운 저택에서 처음으로 사랑을 나누려 했고, 이 사실이 앨리의 부모님에게 전해지며 바로 헤어지게 된다. 부모에게 맞설 수 없던 앨리는 대학을 진학하게 되고, 노아는 나라의 부름을 받고 전장으로 향하게 된다. 그럼에도 앨리를 잊을 수 없던 노아는 앨리에게 늘 편지를 써서 보내지만 그 편지는 매번 앨리의 어머니의 손에 들리고 만다.

그로부터 7년 뒤, 부잣집 아들과 결혼을 앞둔 앨리는 근사한 저택 앞에 선 노아의 사진을 우연히 발견하곤 그를 찾으러 가게 된다. 두 사람이 처음으로 사랑을 나누려 했던 폐가는 노아의 손길이 닿아 수리되어 새하얗게 빛나고 있었다. 노아와 앨리는 다시 그곳에서 재회하지만 긴 시간 동안 한 번도 응답이 없었던 앨리에게 원하는 게 뭐냐며 복잡한 마음을 내비친다. 앨리 역시 자신을 찾지 않았던 노아에게 서운한 마음을 폭발하듯 터트리고, 노아는 그런 그녀에게 매일같이 편지를 썼다면서, 아직 서로가 서로에게 늦지 않았음을 말하며 앨리를 끌어안는다.

이 장면에서 노년의 남녀가 오버랩되는데 그들이 바로 노아와 앨리라는 걸 알 수 있다. 노년의 앨리는 이 이야기가 그들의 것임을 깨닫는데, 사실 앨리는 치매에 걸려 기억을 잃어 갔고, 노아는 안타깝게도 심장병을 앓고 있었다. 노트 속 이야기는 앨리가 써 내려간 것으로, 노아에게 자신이 기억을 잃을 때마다 일깨워 달라며 부탁한 것이었다.

아주 잠깐 정신이 돌아온 앨리에게 노아는 춤을 추자고 한다. 아주 오래전 그들이 신호등 아래에 서서 춤을 췄던 것처럼 말이다. 앨리는 노아에게 "우리의 사랑이 기적을 일으킬 수 있을 거라 생각해?"라고 묻고, 노아는 앨리에게 "사랑만 있으면 뭐든 할 수 있어."라며 답한다. 그리고 앨리의 침대에 나란히 누워 잠을 청하고 다음 날 그들은 영원히 깨어날 수 없는 잠에 빠진 채 발견된다. 혼자선 완성할 수 없는 춤을 추듯, 노아와 앨리는 젊은 시절 그러했듯 서로가 서로에게 의지한 채로 한날한시 아름다운 결말을 맺는다.

진한 여운과 감동을 남기며 그 어떤 것도 막을 수 없는 열정적이고 고귀한 사랑에 눈시울이 붉어지는 명작이다.

도전 스크린 영어 ✒

Day 1

Come on, honey, let's get you ready for bed.

자, 이제 자러 갈 시간이에요.

I am no one special, just a common man with common
thoughts.

전 특별한 사람이 아니라, 평범한 생각을 하는 보통 사람입니다.

Looking good, Duke.

좋아 보이시네요, 듀크 씨.

Day 2

Feeling good.

아주 좋아요.

I've loved another with all my heart and soul and for me
that has always been enough.

온 마음과 정신으로 한 사람을 사랑해 왔고 내겐 그것이면 늘 충
분해요.

Well, you can't have everything.

다 할 수 있는 건 아니지.

Day 3

It's a lovely day outside.

날씨가 화창하네요.

Let's take a walk.

산책하러 가죠.

Come on now, honey. Some fresh air would do you good.

자, 어서요. 맑은 공기 좀 쐬죠.

Day 4

All right now, where did we leave off?

자, 우리 어디까지 했죠?

Dad's got more money than God.

아빠가 엄청 부자래.

You know I'm surprised he even came over. I think he likes you.

난 그가 여기로 와서 놀랐어. 그가 널 좋아하는 것 같아.

Day 5

You can't sit more than two people in a chair, Noah.

한 의자에 둘 이상 타면 안 돼, 노아.

No, don't do me any favors.

마지못해서 하지 마.

You're not so cocky now, are ya?

이제 잘난 척 못 하겠지, 맞지?

Day 6

But I had to be next to you.

네 옆으로 갔어야만 했어.

I was being drawn to you.

네게 빠져 있었거든.

You use that on all the girls?

모든 여자에게 다 그렇게 말해?

Day 7

You don't know me, but I know me.

넌 날 모르지만, 나는 날 알아.

And when I see something that I like, I gotta ha… I love it.

내가 맘에 드는 무언가를 보면, 난 너무 빠져들어.

I could be whatever you want.

난 네가 원하는 대로 다 될 수 있어.

Day 8

Come on, one date. What's it gonna hurt?

데이트 한 번만 하자. 손해 볼 것 없잖아?

Oh my goodness, what a coincidence!

어머, 이런 우연이!

You do look great. You look great.

진짜 멋져 보이는걸. 너도 진짜 멋져.

Day 9

You guys do love each other.

둘이 진짜 사랑하는구나.

I haven't seen a movie in ages.

얼마 만에 본 영화인지 모르겠어요.

I have a very strict schedule.

일정이 빡빡해요.

Day 10

This surprises me.

내겐 놀랄 만한 일이야.

My dad and I used to come out here and lay down and watch the lights change.

아빠와 난 여기 와서 누워서 신호등이 바뀌는 것을 쳐다보고는 했지.

You don't do what you want.

넌 네가 원하는 것을 안 하는구나.

Day 11

Just trust. You need to learn how to trust.

그냥 믿어. 넌 믿는 법을 배워야만 해.

Most of the time, I have all these thoughts bouncing
around in my head.

대부분 머릿속이 여러 가지 생각으로 가득 차지.

I'm sorry, I didn't mean to interrupt.

죄송해요, 방해할 생각은 없었어요.

Day 12

Well, don't apologize, come on up here, darling.

사과할 필요 없어요. 이쪽으로 오세요, 아가씨.

She's a lot prettier than you let on.

네가 말한 것보다 훨씬 더 예쁜걸.

I couldn't understand a damn thing he said.

그가 지껄이는 걸 알아들을 수가 없었지.

Day 13

It was an improbable romance.

정말 별난 로맨스였지.

Get in the water, baby. Baby, would you get in.

물로 뛰어내려, 자기야. 자기야, 얼른 들어와.

They didn't agree on much.

그들은 잘 맞지 않았어요.

Day 14

In fact, they rarely agreed on everything.

사실, 거의 모든 것이 맞지 않았죠.

But despite their differences, they had one important thing in common.

서로가 달랐지만, 중요한 한 가지는 같았죠.

They were crazy about each other.

그들은 서로에게 미쳐 있었어요.

Day 15

Oh, Daddy. I didn't see you there.

오, 아빠. 아빠가 거기 있는지 몰랐어요.

You kinda scared me.

절 놀라게 하셨어요.

Becoming friendly with that boy down there.

저기 있던 남자애랑 친해졌구나.

Day 16

If you don't mind my asking, uh, how much do you make at your job?

실례가 안 된다면, 하시는 일로 얼마나 벌어요?

Uh, how much money do I make?

얼마나 버냐고요?

Yeah, it's not much, but I don't need a lot.

맞아요, 많지는 않아요, 하지만 많이 필요하지도 않죠.

Day 17

I'm gonna do it.

나 이제 한다.

That child's got too much spirit for a girl of her circumstance.

애가 상황에 빠져 정신을 못 차리네요.

Mr. Hamilton, all this is my fault.

해밀튼 씨, 이 모든 건 제 잘못이에요.

Day 18

Would you give us a moment, please?

잠시 자리 좀 비켜 주겠나?

You go straight home now.

집에 곧장 가, 지금.

So she could throw it away on a summer romance. Daddy!

애가 한여름 풋사랑에 전부 내팽개치려고 해요. 아빠!

Day 19

She will wind up with her heart broken or pregnant.

실연당하거나 임신할 거예요.

He is trash, trash, trash— not for you.

그는 쓰레기야, 밑바닥인 생이라고. 너에게 어울리지 않아.

You're not going to tell me who I'm gonna love.

제가 누굴 만나든 상관하지 마세요.

Day 20

You got so much ahead of you.

너는 앞날이 창창해.

It's nothing the cards for me.

내겐 그런 기회가 없었다고.

You're saying you want to break it off?

헤어지잔 말이야?

Day 21

What I'm saying we see how it goes later on.

일단 더 지켜보잔 거야.

Are you breaking up with me?

우리 헤어지는 거야?

You don't mean it.

그런 뜻은 아니지.

Day 22

This is just a fight we're having, and tomorrow it will be

like it never happened, right?

이건 단지 맨날 싸우는 것 같은 거지. 그리고 내일이면 아무것도 아닌 거지, 맞지?

Allie, you are going whether you like it or not.

알리, 넌 네가 좋든 싫든 가야 해.

Now, even if Aaron has to throw you over his shoulder and drag you the whole way, you're going.

자, 비록 아론이 널 어깨에 메고 둘러업고 끌어낼지라도, 넌 가야 해.

Day 23

It's over.

다 끝났어.

Don't make it any harder than it already is.

이미 끝난 걸 더 힘들게 만들지 마.

If he wants to talk to you, he'll write. If not?

그가 말하고 싶으면, 편지를 쓰겠지. 만약 아니라면?

Day 24

They are shooting stars a spectacular moment of light in the heavens.

그들은 하늘에서 잠깐 빛나는 별똥별이었죠.

A fleeting glimpse of eternity.

영원함의 찰나.

And in a flash, they're gone.

빛내며, 사라지죠.

Day 25

Noah was desperate.

노아는 절박했어요.

And that if she would write back, he would come to wherever she was.

만일 그녀가 답장했었더라면, 그는 그녀가 있는 어디든 갔을 거예요.

But they all went unanswered.

하지만, (그가 보낸 모든 편지에) 답장이 없었죠.

Day 26

I'm gonna lift you up.

이제 당신을 일으켜 세울게요.

Well see, that's the thing, I couldn't think of anything at first.

봐봐, 있잖아. 처음엔 생각이 안 나는 것 있잖아.

And then, it just dawned on me.

그러다, 나중엔 떠올랐어.

Day 27

Well, you see you have to get their permission first.

저, 우선 약속부터 해 줘요.

And I think you may have overestimated their affection for you.

부모님의 관심을 너무 과대평가한 것 같은데.

Everything good?

다친 데는 없니?

Day 28

Gotta be out by the end of the month.

월말까지 나가 줘야 해.

I already talked to the bank, they're gonna give you the loan.

이미 은행에는 말해 놔서, 대출해 줄 거야.

He decided right there to fulfill his life-long dream.

그는 평생의 꿈을 실현하기로 마음먹었어요.

Day 29

Do you understand English, pal?

이봐, 뭔 말인지 몰라?

Now. You know I want to give you all the things that you want, right?

있잖아. 네가 원하는 모든 걸 너에게 주고 싶어, 알아?

But I can't, because they're gone… they're broken.

하지만, 사라져서 할 수가 없어… 다 망가졌지.

Day 30

Guys, could you give us a minute?

여러분, 잠깐 자리 좀 피해 주시겠어요?

I need to take care of a few things.

몇 가지 살펴봐야 할 것이 있어.

I need to clear my head.

머릿속 좀 정리해야겠어.

Day 31

Okay, should I be worried?

알겠어, 내가 걱정해야만 하는 거야?

Take your time, do whatever you need to do.

천천히 해요, 당신이 원하는 거 다 해요.

And I just wanted to come and see if you were okay.

단지 당신이 괜찮은지 와서 보고 싶었어.

#궁금해요!

You guys do love each other.
둘이 진짜 사랑하는구나.

여기서 do는 무엇인가요?

일반적으로 do는 일반 동사 do(하다)가 있으며 조동사 do는 일반 동사
의 부정문, 의문문을 나타낼 때 쓰이는데 여기서는 동사 love를 강조하
는 동사로 쓰였어요.

I was being drawn to you.
네게 빠져 있었거든.

여기서 동사는 어떤 거죠?

동사가 여러 가지로 보이나 was being drawn이 전체가 동사예요.
be doing(현재진행형: ~하는 중이다)과 be done(수동: ~이 되다)이 합쳐
진 형태이거든요.
해석은 '빠져드는 중이었다.'라고 하면 돼요.

058

He decided right there to fulfill his life—long dream.

그는 평생의 꿈을 실현하기로 마음먹었어요.

decide 다음에는 to do가 바로 와야 하는 것 아닌가요?

decide는 to do(to 부정사)를 목적어로 두는 동사인데 to do 앞에 부사
를 써서 수식할 수 있어요. right there가 '바로 그 자리에서'라는 강조
의 뜻이 된 거죠.

#간단한 구문 설명

Come on, honey, let's get you ready for bed.

자, 이제 자러 갈 시간이에요.

let's + do로 여기서 '~하자'라는 권유로 쓰였어요.

참고로 let's는 let is의 줄임말이 아니고 let us의 줄임말로서 '~우리
하자'라는 뜻이에요.

get + 사람 + ready에서 get ready는 Vi(자동사) + 형용사로서 '준비시
키다'로 해석돼요.

Dad's got more money than God.

아빠가 엄청 부자래.

money는 셀 수 없는 명사라서 much를 써야 하는데 뒤에 than이 있어서 much의 비교급 more를 썼어요.

I was being drawn to you.
네게 빠져 있었거든.

was being drawn은 과거 진행 수동형으로 '계속 빠져들고 있었거든' 이라고 해석해요.

My dad and I used to come out here and lay down and watch the lights change.
아빠와 난 여기 와서 누워서 신호등이 바뀌는 것을 쳐다보곤 했지.

used to do는 과거의 규칙적인 습관을 나타내며, 자주 했었다는 것을 표현할 때 써요.

Allie, you are going whether you like it or not.
앨리, 넌 네가 좋든 싫든 가야 해.

whether A or B 표현으로 선택을 할 때 써요. 구어체이기 때문에 don't를 쓰지 않고 not만을 사용해서 부정을 표현했어요.

Don't make it any harder than it already is.

이미 끝난 걸 더 힘들게 만들지 마.

make + 목적어 + 형용사(목적 보어)로서 it은 앞의 내용을 받아 오는 것

이고 뒤에 than, 즉 비교급이 나왔기 때문에 harder를 썼어요.

실전 말해 보기

Day 1

자, 이제 자러 갈 시간이에요.

전 특별한 사람이 아니라, 평범한 생각을 하는 보통 사람입니다.

좋아 보이시네요, 듀크 씨.

Day 2

아주 좋아요.

온 마음과 정신으로 한 사람을 사랑해 왔고 내겐 그것이면 늘 충분해요.

다 할 수 있는 건 아니지.

Day 3

날씨가 화창하네요.

산책하러 가죠.

자, 어서요. 맑은 공기 좀 쐬죠.

Day4

자, 우리 어디까지 했죠?

아빠가 엄청 부자래.

난 그가 여기로 와서 놀랐어. 그가 널 좋아하는 것 같아.

Day5

한 의자에 둘 이상 타면 안 돼, 노아.

마지못해서 하지 마.

이제 잘난 척 못 하겠지, 맞지?

Day6

네 옆으로 갔어야만 했어.

네게 빠져 있었거든.

모든 여자에게 다 그렇게 말해?

Day7

넌 날 모르지만, 난 날 알아.

내가 맘에 드는 무언가를 보면, 난 너무 빠져들어.

난 네가 원하는 대로 다 될 수 있어.

Day8

데이트 한 번만 하자. 손해 볼 것 없잖아?

어머, 이런 우연이!

진짜 멋져 보이는걸. 너도 진짜 멋져.

Day9

둘이 진짜 사랑하는구나.

얼마 만에 본 영화인지 모르겠어요.

일정이 빡빡해요.

Day 10

내겐 놀랄 만한 일이야.

아빠와 난 여기 와서 누워서 신호등이 바뀌는 것을 쳐다보고는

했지.

넌 네가 원하는 것을 안 하는구나.

Day 11

그냥 믿어. 넌 믿는 법을 배워야만 해.

대부분 머릿속이 여러 가지 생각으로 가득 차지.

죄송해요, 방해할 생각은 없었어요.

Day 12

사과할 필요 없어요. 이쪽으로 오세요, 아가씨.

네가 말한 것보다 훨씬 더 예쁜걸.

그가 지껄이는 걸 알아들을 수가 없었지.

Day 13

정말 별난 로맨스였지.

물로 뛰어내려. 자기야. 자기야, 얼른 들어와.

그들은 잘 맞지 않았어요.

Day 14

사실, 거의 모든 것이 맞지 않았죠.

서로가 달랐지만, 중요한 한 가지는 같았죠.

그들은 서로에게 미쳐 있었어요.

Day 15

오, 아빠. 아빠가 거기 있는지 몰랐어요.

절 놀라게 하셨어요.

저기 있던 남자애랑 친해졌구나.

Day 16

실례가 안 된다면, 하시는 일로 얼마나 벌어요?

얼마나 버냐고요?

맞아요, 많지는 않아요, 하지만 많이 필요하지도 않죠.

Day 17

나 이제 한다.

애가 상황에 빠져 정신을 못 차리네요.

해밀튼 씨, 이 모든 건 제 잘못이에요.

Day 18

잠시 자리 좀 비켜 주겠나?

집에 곧장 가, 지금.

얘가 한여름 풋사랑에 전부 내팽개치려고 해요. 아빠!

Day 19

실연당하거나 임신할 거예요.

그는 쓰레기야, 밑바닥인 생이라고. 너에게 어울리지 않아.

제가 누굴 만나든 상관하지 마세요.

Day 20

너는 앞날이 창창해.

내겐 그런 기회가 없었다고.

헤어지잔 말이야?

Day 21

일단 더 지켜보잔 거야.

우리 헤어지는 거야?

그런 뜻은 아니지.

Day 22

이건 단지 맨날 싸우는 것 같은 거지. 그리고 내일이면 아무것
도 아닌 거지, 맞지?

알리, 넌 네가 좋든 싫든 가야 해.

자, 비록 아론이 널 어깨에 메고 둘러업고 끌어낼지라도, 넌 가야 해.

Day 23

다 끝났어.

이미 끝난 걸 더 힘들게 만들지 마.

그가 말하고 싶으면, 편지를 쓰겠지. 만약 아니라면?

Day 24

그들은 하늘에서 잠깐 빛나는 별똥별이었죠.

영원함의 찰나.

빛내며, 사라지죠.

Day 25

노아는 절박했어요.

만일 그녀가 답장했었더라면, 그는 그녀가 있는 어디든 갔을 거예요.

하지만, (그가 보낸 모든 편지에) 답장이 없었죠.

Day 26

이제 당신을 일으켜 세울게요.

봐봐, 있잖아. 처음엔 생각이 안 나는 것 있잖아.

그러다, 나중엔 떠올랐어.

저, 우선 약속부터 해 줘요.
부모님의 관심을 너무 과대평가한 것 같은데.
다친 데는 없니?

월말까지 나가 줘야 해.
이미 은행에는 말해 놔서, 대출해 줄 거야.
그는 평생의 꿈을 실현하기로 마음먹었어요.

이봐, 뭔 말인지 몰라?
있잖아. 네가 원하는 모든 걸 너에게 주고 싶어, 알아?
하지만, 사라져서 할 수가 없어… 다 망가졌지.

여러분, 잠깐 자리 좀 피해 주시겠어요?
몇 가지 살펴봐야 할 것이 있어.
머릿속 좀 정리해야겠어.

Day 31

알겠어, 내가 걱정해야만 하는 거야?

천천히 해요, 당신이 원하는 거 다해요.

단지 당신이 괜찮은지 와서 보고 싶었어.

3. 함께 추었던 춤처럼 짧고도 아름다웠던
뉴욕의 가을

노란 은행잎이 수놓은 거리를 떠올리면 영화 〈뉴욕의 가을(Autumn In New York)〉(2000)이 어김없이 생각난다. 리처드 기어와 위노나 라이더가 주연한 멜로 영화로 〈Elegy for Charlotte(샬롯을 위한 애가, Miriam Stockly)〉이라는 OST로도 유명하다.

근사한 중년의 윌(리처드 기어 분)은 많은 여자들과 가벼운 만남을 이어 가며 삶을 즐기는 바람둥이 역할로 등장한다. 윌은 어느 날 자신의 레스토랑에서 생일파티를 하는 샬롯(위노나 라이더 분)을 보게 되고, 젊고 눈부신 스물두 살의 샬롯에게 이끌리게 된다. 하지만 윌은 샬롯이 예전에 자신이 사랑했던 여인의 딸이라는 것을 알게 되고, 그럼에도 샬롯에게 기우는 마음을 포기하지 못한다. 샬롯 역시 윌이 자신의 어머니와 사랑했던 사이라는 걸 알게 되지만 끌리는 감정을 감추질 못한다.

그러다 윌은 특이하면서도 세련된 모자를 만드는 샬롯에게 자신의 모자를 주문하고, 샬롯은 여성의 엉덩이와 비슷한 굴곡의 모자를 요구하는 윌에게 재치 있고 근사한 모자를 선보인다. 윌은 샬롯에게 데이트 상대가 감기로 자선파티에 함께 갈 수 없게 되었다며 샬롯에게 함께 파티에 가 달라는 제안을 한다. 그렇게 둘은 미리 준비된 멋진 정장과 드레스를 차려입고 파티에 참석하게 된다.

신사의 품격이 느껴지는 정장 차림에 대조적인 윌의 은발은 묘한 우아함을 자아내고, 눈부시게 반짝이는 은색 드레스를 입은 샬롯에게선 싱그러운 젊음이 뿜어져 나온다. 둘은 주변의 시선을 의식하지 않고 서로의 눈을 들여다보며 재즈에 맞춰 춤을 춘다. 윌은 샬롯에게

"춤추는 게 아니라 떠다니네."라며 칭찬하고, 샬롯은 아빠에게 춤을 배웠다며 엄마도 춤을 잘 췄고 그건 윌도 잘 알 거라며 어색한 웃음을 짓는다. 이 상황이 어색하고 믿기지 않는다는 듯 어쩔 줄 모르는 샬롯을 윌은 능숙하게 리드하며 다음 연주에 맞춰 춤을 이어 간다. 마치 이전에도 함께 춤을 춘 적이 있다는 듯 사뿐사뿐 왈츠 스텝을 밟는 두 사람의 모습이 꽤나 인상적이다.

이윽고 파티장에서 나와 둘은 서로에게 키스하며 마음을 확인한다. 그렇게 샬롯과 윌은 밤을 보내게 되고 윌은 자신은 감정이 식기 전까지만 이 관계가 유효하다며 선을 긋고, 샬롯은 오히려 잘됐다며 자신은 심한 병(신경모세포종)에 걸려 어차피 오래 살 수 없다며 덤덤한 척 군다.

하지만 그들은 서로에게 끌리는 마음을 어쩌질 못하고 다시 짧은 만남을 이어 간다. 윌은 순수한 샬롯에게 빠져들면서도 핼러윈 파티에서 만난 옛 연인과 다시 바람을 피우게 된다. 이를 알게 된 샬롯은 자신의 엄마에게도 같은 상처를 줬던 윌과, 그런 윌을 사랑한 자신에게 크게 실망하며 이별을 고하게 된다.

윌은 샬롯과 헤어진 후 그녀의 빈자리를 느끼며 자신이 이전과 달리 특별한 사랑을 하고 있음을 깨닫는다. 그리고 샬롯을 찾아가 진심으로 잘못을 뉘우치고 용서를 구한다. 어렵게 자신을 다시 받아 준 샬롯에게 윌은 지금이라도 의미 있는 삶을 살아 보려 마음먹는다. 하지만 시간은 기다려 주지 않았고, 젊고 아름다운 샬롯은 조금씩 죽음에 가까워져 가고 있었다.

윌은 젊은 시절 사랑했고 자신의 아이를 가졌던 말리의 딸, 리사(베라 파미가 분)를 찾아가 도움을 청한다. 리사는 자선파티에서 윌과 샬롯을 보고 부모의 존재와 아버지의 부재에 고민하다 윌을 찾아간 적이 있기도 했다. 리사는 결국 윌을 도와주기로 하고 유능한 의사를 찾아내 샬롯을 함께 설득한다. 샬롯은 수술을 받게 되나 결국 윌의 곁을 떠나게 된다.

그렇게 짧고도 찬란했던 가을이 지나 이윽고 봄이 오고, 윌은 그의 딸 리사와 함께 손주를 안고 센트럴파크 호숫가에서 돛단배를 탄다. 평생 혼자였던 윌에게 샬롯의 선물처럼 가족이 생긴 것이다. 그렇게 뉴욕의 아름다운 가을 풍경과 둘의 춤을 떠올리게 하는 재즈풍의 〈Let's fall In Love(사랑에 빠지자, Diana Krall)〉라는 노래와 함께 영화는 막을 내린다.

도전 스크린 영어 ✒

Day 1

It made her day. It made her feel really good.

기억할 날을 만들어 주려고 했어. 그 여자 기분 좋게 하려고 한 거지.

I'm working on it.

내가 노력한 거지.

Why, you're afraid you're gonna pull a muscle?

왜요, 근육이 결릴까 봐요?

Day 2

My God, you're serious.

오, 정말 진심이군요.

I can only offer you what we've got… right now… just this.

내가 해 줄 수 있는 건… 단지… 여기까지야.

Until it's over. And it will be over.

어차피 영원한 관계는 없어.

Day 3

Feelings change. Situations evolve.

감정은 변하고, 상황도 변해요.

You don't even really know me.

그리고 나에 대해서 알지도 못하잖아요.

Maybe not. But I know me.

아마도 모르겠지. 하지만 난 나를 알아.

Day 4

Taste it.

맛 좀 봐줘요.

I'm an easy-going guy, right?

난 괜찮은 사람이라고, 알아?

I'm good to my staff. I treat them well. Is that a mistake?

내 직원들에게 잘해 주고, 잘 대해 줬어. 그게 문제야?

Day 5

Because, an occasion, one often has stepped over the line
and said very… familiar things about my private life.

왜냐면, 가끔, 선을 넘으면서 내 사생활에 대해 엄청나게 간섭
하거든.

So, warning you has no effect?

경고가 안 먹히는군.

No. It's like a Greek tragedy, isn't it?

아니야. 이건 그리스비극 같은 거라고, 그렇지 않아?

Day 6

Guys, I've got bad news. I'm kicking you out…

안됐지만, 당신들을 쫓아내야겠어요.

How about I set you up out on the patio?

야외 테라스로 자릴 옮기는 게 어떨까요?

It's frantic tonight, a madhouse.

너무 정신없는 날이야, 정신이 나가겠어.

Day 7

He hasn't changed a bit.

하나도 안 변했군.

What did you do, make a deal with the devil?

뭘 한 거지, 악마랑 거래라도 했나?

Will… spare me the bullshit.

윌… 그냥 거짓말이라고 말하게.

Day 8

He's irresistible.

매력 덩어리지.

She's got Katie's eyes, hasn't she? And talent!

케이트의 눈을 닮았지, 그렇지 않아? 그리고 재능이 있어!

No, it's wonderful. Really wonderful work.

아뇨, 멋져요. 정말 잘 만들었어요.

Day 9

No, I don't buy that.

아니, 그건 못 믿겠는데.

He's simply fabulous.

그는 말 그대로 멋져.

I promise I'm never touching that woman.

난 그녀를 건드리지도 않았어.

Day 10

I'm on your side.

난 당신 편이라고.

Is he lucky I'm off the market or what?

내가 품절된 게 그에게 잘된 건가 뭔가?

They wouldn't even look at him.

여자들이 그를 거들떠보지도 않았죠.

Day 11

The problem is that I don't know her hat size and I don't want to ask her… because it's a surprise.

문제는 모자 치수를 모르고, 물어볼 수도 없어요. 왜냐면 깜짝 선물이거든요.

Life rewards the courageous few.

인생은 도전하는 자들의 것이에요.

Can you give me a point of inspiration?
제게 좀 영감을 주시겠어요?

Day 12

You have to imagine it on your friend.
친구분이라고 생각하시고 보세요.
It sounded more like the hiccups to me.
실은 꾀병 같아.
So, you mean you're not going to go?
그래서 안 가실 건가요?

Day 13

Are you kidding? I'd go in a heartbeat.
농담해요? 당장 가고 싶어요.
I would love to go, but I'm a disaster.
너무 가고 싶지만, 너무 엉망이에요.
I don't know.
괜찮아.

Day 14

I read that article about you.
당신의 기사를 읽었어요.
The magazine. It's so embarrassing.

그 잡지. 당황스럽군요.

You don't dance. You float.

춤추는 게 아니라 떠다니는 것 같아요.

Day 15

I had great parents. I was lucky.

훌륭한 부모님이셨죠. 운이 좋았어요.

What's your excuse?

어떻게 오셨죠?

Only by reputation.

명성은 들었어요.

Day 16

Some people start to fall into recognizable patterns.

사람들은 상투적으로 되어 버리지.

The next step is that… immediately… you know people…

다음 행동이 빤히 보이지.

Therefore, utterly unpredictable.

그러니까, 전혀 예측을 할 수 없다는 얘기지.

Day 17

God! That must be a relief.

어머! 안심되네요.

To finally deliver that speech to a woman and have it apply to there.

여자 꼬실 때 하는 말이 딱 맞아떨어졌어요.

I can prove it too.

증명할 수 있어요.

Day 18

I want to be clear from the start, so there's no confusion later on, okay?

시작 전에 분명히 하고 싶어. 혼선이 없게 말이야, 알겠어?

What I mean is we have no future.

우린 미래가 없어.

I could've put off telling you but…

얘기를 안 할까 했지만…

Day 19

Even this, as far as it's gone. You shouldn't be doing this.

이렇게 되어 가더라도. 이렇게 하면 안 돼.

One day, you're rich as an Arab. Next day, you're lucky if you can afford pistachio nuts.

한때는 아랍 왕처럼 부자였다가, 다음 날엔 콩 한 쪽 구걸할 만큼 폭삭 망해 버리지.

Most of us are young for what? About a minute and a half?

우린 얼마 동안 젊지? 1분 30초?

Day 20

I console myself with that idea sometimes.

때론 그런 생각을 하면서 스스로 위안 삼지.

And up to your old tricks… looks like to me.

여자 꼬시는 방법도 똑같아… 나에게 한 것처럼.

Just how much you look like your mom, is all.

엄마를 꼭 빼닮았다는 얘기만 했어.

Day 21

You gotta look on the bright side.

밝은 면만 보도록 해요.

If I wasn't sick… this would not work.

내가 아프지 않았다면… 이렇게 못 사귀겠죠.

We're totally wrong for each other.

우린 서로 너무 안 맞잖아요.

Day 22

We can have it real, which we both know is way better.

둘이 겪으면, 더 낫게 될 거예요.

That is a pathetic characterization.

너무 말도 안 되는 한심한 생각이야.

The stench of truth.

현실은 잔인해요.

Day 23

Let's talk about you.

당신 얘기나 해요.

You look at me in a way that I haven't quite earned.

내가 아무것도 이룬 게 없는 것처럼 보는군요.

What do you want me to do?

뭘 하길 바라는 거죠?

Day 24

What's your point?

그래서 요점은?

Yes, we're going for it, aren't we?

네, 우리 사랑을 키워 나가고 있잖아요, 안 그래요?

You did all that so you could get a hold of me and muss me up?

당신이 날 꼬시려고 전부 꾸민 거예요?

Day 25

That's not seducing. That is asking.

그건 꼬시는 게 아니야. 부탁하는 거지.

You don't hum this away.

당신이 사기를 친다 해도 안 될걸요.

Do you have any idea··· about time?

더 살 수 있는 방법은··· 없나요?

Day 26

"Hope is a thing with feathers That perches in the soul."

희망은 날개 달고 영혼에 날아 앉네.

Is that a quote?

명언이에요?

Let me give you a hint.

힌트 줄게요.

Day 27

I was the best thing that ever happened to you.

당신 최고의 즐거움이었죠.

I was just wondering if··· if you had sex with that woman?

그냥 궁금해서 그러는데··· 그녀랑 잤어요?

The answer to that is kind of obvious.

말 돌리지 말고 분명히 말해요.

Day 28

Yes. But in this case I don't have anything to lie about.
Nothing happened!

맞아. 하지만 거짓말한 것은 하나도 없다고. 아무 일도 없었어!

Because nothing stopped me

아무것도 거리낄 게 없으니까!

You're supposed to take care of me.

절 보호해 주셨어야죠.

Day 29

The more attachment on both sides, leading to what?

둘 사이가 가까워진다고, 뭐가 달라지나?

I've been a little sentimental about parenthood lately.

부모가 되는 것에 대해 최근 나는 좀 감상적이 되었어(애 기르는

것이 좀 그리워졌어).

Do you really care?

진심으로 걱정하시는 거예요?

Day 30

How long have you lived in the city?

이곳에 온 지는 얼마나 되었니?

I have no excuses…

변명의 여지가 없어….

You're not good enough.

당신은 자격이 없어.

Day 31

Please let me try again.

제발 내게 다시 기회를 줘.

When it's clear we're losing her.

마지막이다 싶은 시점에요.

Charlotte, there's something I would like to talk to you about.

샬롯, 너에게 해야 할 얘기가 있어.

#궁금해요!

It made her feel really good.
그 여자 기분 좋게 하려고 한 거지.

make도 있고 feel도 있는데 몇 형식인가요?
make + 목적어 + 목적 보어, feel + 형용사를 쓰는 문형입니다.
make와 feel이 둘 쓰인 문장이며, feel은 make 때문에 원형을 쓴 것
이고, good은 feel 때문에 형용사를 쓴 거예요. Really는 뒤에 나오는
good 때문에 부사가 쓰인 거예요.
주어가 it이고 made가 동사이기 때문에 뒤의 feel과 상관없이 5형식(S
+ V + 목적어 + 목적 보어) 문형이 되는 거죠.

Yes. But in this case I don't have anything to lie about. Nothing
happened!
맞아. 하지만 거짓말한 것은 하나도 없다고. 아무 일도 없었어!

something으로 쓰면 안 되나요?
I don't have anything(부정문)입니다.

some과 any는 '몇몇, 또는 약간'이라는 뜻으로 둘 다 같지만, some은 긍정과 청유문에 쓰이고, any는 부정문과 의문문에 쓰입니다. 그래서 뜻은 같지만, anything으로 쓴 거예요.

You have to imagine it on your friend.
친구분이라고 생각하시고 보세요.

have to와 must는 같은 건가요?
have to, must를 같다고 표현하는 경우가 많으며, '~해야만 한다'라고 쓰지만 사실 이 둘의 차이는 have to는 일반적이고 법적으로 명시가 되어 있으면 쓸 수 있다고 할 수 있어요. must도 물론 해야 하지만 약간의 설명이 들어가 있어서 감정에 영향을 주어 꼭 해야 한다는 것을 의미해요.

#간단한 구문 설명

My God, you're serious.
오, 정말 진심이군요.

You are serious는 주어 + 동사 + 보어(2형식) 형태입니다.
보어라는 것은 'A = B' 이렇게 생각하면 쉬운데 A가 주어가 되면 B는

주격보어가 되는 것이고, A가 목적어가 되면 B는 목적 보어가 되는 거
예요.

It sounded more like the hiccups to me.
실은 꾀병 같아.

It sounds like + 명사는 '~처럼 들리다'입니다.
It sounds + 형용사에서 sound는 자동사로서 뒤에 전치사 + 명사 또
는 형용사 같은 품사가 올 수 있지만, sound like가 같이 올 경우는 타
동사처럼 쓰여요.

I could've put off telling you but…
얘기를 안 할까 했지만…

could have done(~과거완료) 할 수 있었다.
couldn't have done(했을 리가 없다) 추측의 뜻으로 해석돼요.

실전 말해 보기 ✍

Day 1

기억할 날을 만들어 주려고 했어. 그 여자 기분 좋게 하려고 한
거지.

내가 노력한 거지.

왜요, 근육이 결릴까 봐요?

Day 2

오, 정말 진심이군요.

내가 해 줄 수 있는 건… 단지…여기까지야.

어차피 영원한 관계는 없어.

Day 3

감정은 변하고, 상황도 변해요.

그리고 나에 대해서 알지도 못하잖아요.

아마도 모르겠지. 하지만 난 나를 알아.

Day 4

맛 좀 봐줘요.

난 괜찮은 사람이라고, 알아?

내 직원들에게 잘해 주고, 잘 대해 줬어. 그게 문제야?

Day 5

왜냐면, 가끔, 선을 넘으면서 내 사생활에 대해 엄청나게 간섭
하거든….
경고가 안 먹히는군.
아니야. 이건 그리스비극 같은 거라고, 그렇지 않아?

Day 6

안됐지만, 당신들을 쫓아내야겠어요.
야외 테라스로 자릴 옮기는 게 어떨까요?
너무 정신없는 날이야, 정신이 나가겠어.

Day 7

하나도 안 변했군.
뭘 한 거지, 악마랑 거래라도 했나?
윌… 그냥 거짓말이라고 말하게.

Day 8

매력 덩어리지.
케이트의 눈을 닮았지, 그렇지 않아? 그리고 재능이 있어!
아뇨, 멋져요. 정말 잘 만들었어요.

Day 9

아니, 그건 못 믿겠는데.

그는 말 그대로 멋져.

난 그녀를 건드리지도 않았어.

Day 10

난 당신 편이라고.

내가 품절된 게 그에게 잘된 건가 뭔가?

여자들이 그를 거들떠보지도 않았죠.

Day 11

문제는 모자 치수를 모르고 물어볼 수도 없어요.

왜냐면 깜짝 선물이거든요.

인생은 도전하는 자들의 것이에요.

제게 좀 영감을 주시겠어요?

Day 12

친구분이라고 생각하시고 보세요.

실은 꾀병 같아.

그래서 안 가실 건가요?

Day 13

농담해요? 당장 가고 싶어요.

너무 가고 싶지만, 너무 엉망이에요.

괜찮아.

Day 14

당신의 기사를 읽었어요.

그 잡지. 당황스럽군요.

춤추는 게 아니라 떠다니는 것 같아요.

Day 15

훌륭한 부모님이셨죠. 운이 좋았어요.

어떻게 오셨죠?

명성은 들었어요.

Day 16

사람들은 상투적으로 되어 버리지.

다음 행동이 빤히 보이지.

그러니까, 전혀 예측을 할 수 없다는 얘기지.

Day 17

어머! 안심되네요.

여자 꼬실 때 하는 말이 딱 맞아떨어졌어요.

증명할 수 있어요.

Day 18

시작 전에 분명히 하고 싶어. 혼선이 없게 말이야, 알겠어?

우린 미래가 없어.

얘기를 안 할까 했지만…

Day 19

이렇게 돼 가더라도. 이렇게 하면 안 돼.

한때는 아랍 왕처럼 부자였다가, 다음 날엔 콩 한 쪽 구걸할 만

큼 폭삭 망해 버리지.

우린 얼마 동안 젊지? 1분 30초?

Day 20

때론 그런 생각을 하면서 스스로 위안 삼지.

여자 꼬시는 방법도 똑같아… 나에게 한 것처럼.

엄마를 꼭 빼닮았다는 얘기만 했어.

Day 21

밝은 면만 보도록 해요.

내가 아프지 않았다면… 이렇게 못 사귀겠죠.

우린 서로 너무 안 맞잖아요.

Day 22

둘이 겪으면, 더 낫게 될 거예요.

너무 말도 안 되는 한심한 생각이야.

현실은 잔인해요.

Day 23

당신 얘기나 해요.

내가 아무것도 이룬 게 없는 것처럼 보는군요.

뭘 하길 바라는 거죠?

Day 24

그래서 요점은?

네, 우리 사랑을 키워 나가고 있잖아요, 안 그래요?

당신이 날 꼬시려고 전부 꾸민 거예요?

Day 25

그건 꼬시는 게 아니야. 부탁하는 거지.

당신이 사기를 친다 해도 안 될걸요.

더 살 수 있는 방법은… 없나요?

Day 26

희망은 날개 달고 영혼에 날아 앉네.

명언이에요?

힌트 줄게요.

Day 27

당신 최고의 즐거움이었죠.

그냥 궁금해서 그러는데… 그녀랑 잤어요?

말 돌리지 말고 분명히 말해요.

Day 28

맞아. 하지만 거짓말한 것은 하나도 없다고. 아무 일도 없었어!

아무것도 거리낄 게 없으니까!

절 보호해 주셨어야죠.

Day 29

둘 사이가 가까워진다고, 뭐가 달라지나?

부모가 되는 것에 대해 최근 나는 좀 감상적이 되었어(애 기르는

것이 좀 그리워졌어).

진심으로 걱정하시는 거예요?

Day 30

이곳에 온 지는 얼마나 되었니?

변명의 여지가 없어….

당신은 자격이 없어.

Day 31

제발 내게 다시 기회를 줘.

마지막이다 싶은 시점에요.

샬롯, 너에게 해야 할 얘기가 있어.

Dance

♦

Movies

♦

A

famous line

4. 당신을 열정적이고 진실하게 사랑해요
물랑 루즈

몽마르트르 언덕의 '빨간 풍차'를 떠올리기만 해도 연상되는 영화가 있다. 낭만적이고도 열정적인 사랑이야기를 뮤지컬 요소를 접목시켜 만든 〈물랑 루즈(Moulin Rouge)〉(2001)이다. 스펙터클한 무대 연출과 팝음악, 한시도 눈을 뗄 수 없게 만드는 화려한 의상과 그보다 더 화려한 캉캉과 탱고가 몰아치는 이 영화는 환상의 세계로 관객을 강하게 끌어당긴다.

1900년대 가난한 예술가들이 모여 살았던 파리의 몽마르트르 언덕의 물랑 루즈는 누구나 자유와 사랑에 대해 거침없이 논할 수 있던 장소였다. '물랑'은 풍차, '루즈'는 빨간색이라는 뜻으로 우리말로는 '빨간 풍차'인데, 영화 곳곳에 사랑과 열정을 연상케 하는 '붉은색' 요소가 가미되어 있어 보는 재미를 더한다.

이야기는 파리의 한 호텔에서 글을 쓰는 작가의 모습을 비추며 시작한다. 1년 전 사랑하는 연인이 죽어 가며 남긴 "우리 이야기를 써 보라."는 말을 떠올리며 시간을 거슬러 올라간다. 작가를 꿈꾸며 보헤미안의 천국인 몽마르트르에 온 영국인 시인 크리스천(이완 맥그리거 분)은 유명한 카바레 '물랑 루즈'에서 다이아몬드보다 더 빛나는 가수 새틴(니콜 키드먼 분)을 보고 첫눈에 반하게 된다.

그런 크리스천을 공작으로 착각한 새틴이 먼저 다가가지만 곧 가난한 시인임을 알고 그를 멀리한다. 가수로 포장된 삶이었지만 웃음을 파는 창부였던 새틴은 강력한 부와 명예를 가져다줄 남자를 기다리고 있었다. 하지만 새틴은 〈Elephant love melody〉*를 부르며 끊임없이 진실한 사랑만을 말하는 크리스천의 순수함에 점차 흔들리게 된다.

새틴은 공작의 지원을 받기 위해 공작을 방으로 초대하고, 그런 모습을 지켜볼 수 없었던 크리스천이 막아선다. 공작에게 크리스천의 존재가 들키지 않게 새틴은 그를 새 공연의 작가로 소개하고, 공작과 새틴, 크리스천의 아슬아슬한 공연 만들기가 시작된다. 크리스천과 새틴은 공연을 준비하며 몰래 사랑을 키워 갔고, 아무것도 모르는 공작은 집착의 감정으로 새틴을 소유하고자 한다.

하지만 한 번도 자신을 만나 주지 않는 새틴에게 화가 난 공작이 극장의 소유주 지들러에게 새틴이 오늘 밤에도 나타나지 않으면 모든 지원을 끊겠다고 으름장을 놓는다. 크리스천과 새틴의 사이를 알고 있었던 지들러는 새틴을 몰아세우고, 새틴은 갑자기 정신을 잃고 쓰러지며 자신이 폐결핵으로 서서히 죽어 가고 있단 사실을 알게 된다.

이를 모르고 새틴을 기다리고 있던 공작에게 지들러는 거짓말로 위기를 모면하고, 크리스천은 그녀가 공작과 하룻밤을 보냈다고 오해하며 괴로워한다. 하지만 그녀를 포기할 수 없던 크리스천은 사랑 노래를 선물할 테니 자신을 사랑한다면 언젠가 이 노래를 불러 달라고 말하며 떠난다.

그렇게 공작의 지원금과 크리스천의 글로 만들어진 공연이 막을 올리고 새틴은 그 어느 때보다 열정적으로 연기하기에 이른다. 하지만 결국 참을 수 없는 감정으로 새틴은 무대에서 크리스천이 만든 노래를 부르게 되고, 이를 들은 크리스천이 무대로 뛰어 올라와 그녀와 진실한 사랑의 노래를 부른다. 이 모습에 분노한 공작이 크리스천을 총으로 쏴 죽이려 했지만 저지당하고, 두 사람은 해피 엔딩을 맞이하는 듯했지만 새틴의 지병으로 결국 무대 위에서 생과 사의 이별을 맞게 된다.

비극적인 이 사랑 이야기는 눈이 시리도록 쨍한 원색의 의상과, 원초적이면서도 강렬한 춤이 더해져 뻔하지 않은 이야기로 아직까지도 명작으로 손꼽히고 있다. 진실과 자유, 그리고 사랑 이 모든 것이 〈물랑 루즈〉 속 수많은 무용수들이 췄던 춤과 다를 바 없어 보인다. 온 마음을 다해 몸으로 감정을 표현하고 드러내고 전달하고 그 과정에서 순수한 사랑의 감정을 느낄 수 있으니 말이다. 춤과 사랑은 어쩌면 이름만 다른 같은 형체가 아닐까.

* Elephant Love Medley

다음은 원작의 작가와 가수들의 이름과 함께 메들리에 수록된 곡들의 목록이다.

- 〈Love Is Like Oxygen〉 by Sweet — Andy Scott and Trevor Griffin
- 〈Love Is a Many—Splendored Thing〉 by Sammy Fain — Sammy Fain and Paul Francis Webster
- 〈All You Need Is Love〉 by The Beatles — John Lennon and Paul McCartney
- 〈I Was Made For Lovin' You〉 by Kiss — Desmond Child, Paul Stanley, Vini Poncia
- 〈One More Night〉 by Phil Collins — Phil Collins
- 〈In the Name of Love〉 by U2 — U2
- 〈Don't Leave Me This Way〉 by Harold Melvin & the Blue Notes — Kenneth Gamble, Leon Huff, and Cary Gilbert
- 〈Silly Love Songs〉 by Wings — Paul McCartney
- 〈Up Where We Belong〉 by Joe Coker and Jennifer Warnes — Jack Nitzsche and Buffy Sainte—Marie
- 〈Heroes〉 by David Bowie — David Bowie

- ⟨I Will always love you⟩ by Dolly Parton and later Whitney Houston − Dolly Parton
- ⟨Your Song⟩ by Elton John − Elton John and Bernie Taupin

도전 스크린 영어 ✒

Day 1

The most beautiful of all these··· was the woman who I
loved. Satine.

그중 가장 아름다운 것은 내가 사랑했던 여자··· 새틴이었지.

I first came to Paris··· one year ago.

내가 처음 파리로 온 것은 1년 전이었지.

It was not, as my father said, a village of sin.

아버지의 말과 달리 죄악의 도시가 아니었어.

Day 2

Yes. I had come to live a penniless existence.

맞아. 난 돈 한 푼 없이 살았어야 했어.

It's set in Switzerland.

배경은 스위스였다.

Unconscious the next.

또 기절했군.

Day 3

There seemed to be artistic differences over Audrey's lyrics to Satie's song.

사티의 음악에 오드리의 가사에 대한 이견도 분분했다.

For a thousand years

수천 년 동안

The boy has talent!

재능이 있잖아!

Day 4

I like him.

맘에 들어!

Toulouse had a plan.

툴루스에게 계획이 있었다.

Above all things, I believe in love.

무엇보다도 믿죠.

Day 5

It was the perfect plan.

계획은 완벽했다.

The French are glad to Die for love

프랑스인은 사랑을 위해 기꺼이 목숨을 걸죠.

But someone else was to meet Satine that night.

그녀를 기다리는 건 나쁜이 아니었다.

Day 6

A kiss on the hand May be quite continental.

손에 하는 키스도 달콤하지만.

'Cause we are living In a material world.

우리가 사는 곳은 물질의 세계.

And I am a material girl.

난 돈을 좋아한답니다.

Day 7

What's his type?

어떤 타입을 좋아한대요?

I believe you were expecting me.

날 기다렸죠?

I'm afraid it's lady's choice.

선택권은 숙녀에게 있죠.

Day 8

How wonderful of you to take an interest in our little show.

우리 쇼에 관심이 많으시다죠?

I don't know the duke's gonna get his money's worth tonight.

공작이 오늘 밤 본전을 뽑을 수 있을지 모르겠어.

Don't be unkind, Nini.

빈정대지 마, 니니.

Day 9

Why not? You got the talent.

암, 재능이 있잖아!

Poetic enough for you?

이만하면 시적인가요?

There might be some shaking.

제발 정신 차리자.

Day 10

Sometimes it takes a while for…inspiration to come.

긴장돼서 영감이 안 떠올라요.

And you can tell everybody.

모두에게 말해요.

I'm going to kill him.

그 망할 인간!

Day 11

I think there might be a small hitch.

문제가 좀 생겼어.

Monsieur, how wonderful of you to take time out of your busy schedule to visit.

여기까지 와 주셔서 무한한 영광입니다.

The pleasure, I fear, will be entirely mine, my dear.

별말씀을, 오히려 내가 영광이오.

Day 12

"How wonderful life is now you're in the world."

'그대가 있어 삶은 아름다워라.'

How's the rehearsal going?

예행연습은 잘돼 가?

Harold, you made it.

해럴드, 이제 왔군요.

Day 13

It's all right, the duke knows all about the emergency rehearsal.

이제 됐어요, 긴급 예행연습이 열린 거 공작님께 말했어요.

That's why he's so keen to invest.

그래서 공작님이 재빨리 투자하시려 하는 거예요.

I'm way ahead of you, Zidler.

벌써 다 알고 있소, 지들러.

Day 14

What's the story?

줄거리는 뭐요?

It's about love overcoming all obstacles.

모든 장애를 다 극복하는 사랑이요.

It's an erotic, spectacular scene that captures the thrusting, violent, vibrant, wild, Bohemian spirit…

에로틱하고 화려한 무대로 공격적이며, 격렬함, 격동, 야성과 보헤미안 정신 등등.

Day 15

Was she thinking about me?

그녀도 내 생각할까?

One day I'll fly away.

언젠가는 날아가리.

Why live life from dream to dream?

왜 헛된 꿈에서 헤어나지 못하나?

Day 16

I couldn't sleep, and I wanted to thank you for helping me get the job.

일자리를 줘서 고맙다는 말을 하려고요.

It's going to be a wonderful show.

멋진 쇼가 될 거예요.

The only way of loving me, baby is to pay a lovely fee.

날 사랑할 수 있는 유일한 방법은 돈을 내는 거예요.

Day 17

There's no way 'Cause you can't pay.

공짜로는 안 돼요!

Just for one day…

단 하루만이라도…

We should be lovers

우린 맺어져야 해.

Day 18

How wonderful life is Now you're in the world.

그대가 세상에 있어.

It's not important. We can work on it tomorrow.

그럼 내일 연습하죠, 뭐.

Her affections are waning!

그녀가 변심했어!

Day 19

It's nothing.

아무것도 아니에요.

Harold Zidler's brilliant lies had once again averted disaster.

지들러의 기지로 위기는 넘겼다.

She mustn't know, Marie.

본인에게 말하지 마.

Day 20

All night, the penniless sitar player had waited.

가난한 악사는 밤새도록 기다렸다.

Why would the courtesan go for the penniless writer?

왜 창부가 작가를 선택하죠?

I don't care about your ridiculous dogma!

그딴 헛소리 관둬!

Day 21

This ending will be rewritten⋯

결말을 다시 쓰시오.

And for our part⋯ we could do nothing but wait.

우린 그저 기다려야만 했다.

I mean, I indulge his fantasy because he's talented.

그가 재능이 있어서 싫어도 그의 비위를 맞춰 줘야 해요.

Day 22

We have a dance… in the brothels of Buenos Aires.

창녀들이 추는 춤이 있지!

When love is for the highest bidder, there can be no trust.

사고파는 사랑엔 믿음이 없어.

You don't care if it's wrong or if it is right.

옳고 그름엔 관심 없는 그대.

Day 23

I couldn't do it. I didn't want to pretend anymore.

더는 연극을 하고 싶지 않았어.

I don't care.

상관없어.

And she will come to me when the curtain falls…

그리고 그녀가 공연이 끝날 때 내 곁에 올 거야.

Day 24

But Christian loves me, Harold.

크리스찬은 날 사랑한다고요.

Another trick, Harold?

또 잔꾀를 쓰려고요, 해럴드?

No, my love. The doctor told us.

아냐, 새틴. 의사가 말했어.

Day 25

There is no other way.

딴 방법은 없어.

Another hero··· another mindless crime.

또 하나의 희생양··· 또 한 번 죄를 지었네.

We leave it all to chance

결국은 팔자소관.

Day 26

The show must go on!

쇼는 계속돼야 해!

But my smile still stays on.

계속 웃어야만 하네.

I'll top the bill I'll earn the kill.

이를 악물고, 정상에 설 거야.

Day 27

After I left you, the duke came to see me and he offered
me everything.

방금 공작이 와서 모든 걸 다 해 주겠다고 했어.

He has one condition.

한데 조건이 있어.

There's something the matter. Tell me what it is.

뭔가 이상해. 뭐야?

Day 28

Tell me what's wrong.

진실을 말해.

Jealousy has driven him mad!

놈은 질투로 눈이 멀었어!

But I know about art and love…

사랑과 예술은 좀 알지.

Day 29

…But he had filled me with doubt.

문득 의심이 피어올랐다.

…One last time.

내 인생에 마지막으로….

And we all lose our charms in the end.

젊음과 매력도 결국엔 시들지.

Day 30

She is mine.

넌 내 거야.

I told Satine that if Christian were to come near her, he'd be killed!

새틴에게 말했소, 오면 죽는다고!

Why shouldn't I pay you?

돈을 낼게.

Day 31

Come what may

어떤 일이 있어도

I will love you till my dying.

죽을 때까지 그대만을 사랑하리.

My way!

내 식대로 끝내!

※

You've got to go on, Christian.

나 없어도 꿋꿋해야 돼.

And then, one not-so-very-special day···

그렇게 세월이 흘러가던 어느 날.

The greatest thing you'll ever learn is just to love and be loved in return.

가장 위대한 일은 누군가를 사랑하고 또 사랑을 받는 것.

#궁금해요!

How wonderful of you to take an interest in our little show.
우리 쇼에 관심이 많으시다죠?

How wonderful 뒤에 왜 of가 나오는 거죠?

to do(to 부정사)의 즉, to do 동작을 하는 사람 또는 대상 주체를 for + 목적어 형태로 써 줄 때 앞에 쓰여 있는 형용사가 성질을 나타내는 경우(good, nice, kind, careful 등)엔 for 대신 of를 써요.

of + 목적어 + to do

There's something the matter. Tell me what it is.
뭔가 이상해. 뭐야?

'Tell me what is it?'라고 써야 하는 것 아닌가요?

tell + 사람 + 사물, 즉 사람에게 사물을 얘기한다. 이렇게 해석이 되어야 하는데 여기서는 what it is로 목적어 자리에 명사절을 썼어요. 이상하게 느껴지더라도 종속절에서는 주어와 동사는 정상어순으로 써 줘야 해요.

I think you shouldn't bother.

방해해선 안 돼.

shouldn't 대신에 mustn't를 쓰면 안 되나요?

should와 must가 '~해야만 한다'로 뜻이 같이 쓰이는 듯하지만,
should는 제안, 청유의 뜻을 나타내고 자유의사의 반영이 나타나고,
must는 꼭 해야 하는 강제성을 나타내요.

#간단한 구문 설명

It's set in Switzerland.

배경은 스위스로 정했어.

배경을 it으로 받아 오고 it이 사물이기 때문에 수동태 is set으로 be +
done 형식으로 써요.

But someone else was to meet Satine that night.

그녀를 기다리는 건 나뿐이 아니었다.

be to do 표현은 예정, 의무, 운명 등을 나타내요. 여기서는 '예정되어
있었다'로 해석해요.

I believe you were expecting me.

날 기다렸죠?

주절 I believe의 시제가 현재일 때 종속절의 시제는 현재, 미래, 과거 모두가 올 수 있어요.

Poetic enough for you?

이만하면 시적인가요?

enough는 형용사와 부사가 둘 다 있는데 명사를 꾸며 주는 형용사로 쓰일 경우는 enough water처럼 명사 앞에 위치하고 형용사를 수식하는 부사로 쓰이는 경우는 poetic enough처럼 형용사 뒤에 쓰여요.

Harold, you made it.

해럴드, 이제 왔군요.

시간을 맞춰서 왔을 때 동사 make와 비인칭 it을 사용하여 문장을 표현해요.

It's about love overcoming all obstacles.

모든 장애를 다 극복하는 사랑이요.

about love가 전치사 + 명사인데 overcoming all obstacles '모든 장애를 극복한'처럼 수식구가 따라서 올 때는 동사 + ing를 써서 동명사를 만들어 써요.

실전 말해 보기 ✐

Day 1

그중 가장 아름다운 것은 내가 사랑했던 여자… 새틴이었지.

내가 처음 파리로 온 것은 1년 전이었지.

아버지의 말과 달리 죄악의 도시가 아니었어.

Day 2

맞아. 난 돈 한 푼 없이 살았어야 했어.

배경은 스위스였다.

또 기절했군.

Day 3

사티의 음악에 오드리의 가사에 대한 이견도 분분했다.

수천 년 동안

재능이 있잖아!

Day 4

맘에 들어!

툴루스에게 계획이 있었다.

무엇보다도 믿죠.

Day 5

계획은 완벽했다.

프랑스인은 사랑을 위해 기꺼이 목숨을 걸죠.

그녀를 기다리는 건 나뿐이 아니었다.

Day 6

손에 하는 키스도 달콤하지만…

우리가 사는 곳은 물질의 세계.

난 돈을 좋아한답니다.

Day 7

어떤 타입을 좋아한대요?

날 기다렸죠?

선택권은 숙녀에게 있죠.

Day 8

우리 쇼에 관심이 많으시다죠?

공작이 오늘 밤 본전을 뽑을 수 있을지 모르겠어.

빈정대지 마, 니니.

Day 9

암, 재능이 있잖아!

이만하면 시적인가요?

121

제발 정신 차리자.

Day 10

긴장돼서 영감이 안 떠올라요.

모두에게 말해요.

그 망할 인간!

Day 11

문제가 좀 생겼어.

여기까지 와 주셔서 무한한 영광입니다.

별말씀을, 오히려 내가 영광이오.

Day 12

'그대가 있어 삶은 아름다워라.'

예행연습은 잘돼 가?

해럴드, 이제 왔군요.

Day 13

이제 됐어요, 긴급 예행연습이 열린 거 공작님께 말했어요.

그래서 공작님이 재빨리 투자하시려 하는 거예요.

벌써 다 알고 있소, 지들러.

Day 14

줄거리는 뭐요?

모든 장애를 다 극복하는 사랑이요.

에로틱하고 화려한 무대로 공격적이며, 격렬함, 격동, 야성과

보헤미안 정신 등등.

Day 15

그녀도 내 생각할까?

언젠가는 날아가리.

왜 헛된 꿈에서 헤어나지 못하나?

Day 16

일자리를 줘서 고맙다는 말을 하려고요.

멋진 쇼가 될 거예요.

날 사랑할 수 있는 유일한 방법은 돈을 내는 거예요.

Day 17

공짜로는 안 돼요!

단 하루만이라도…

우린 맺어져야 해.

Day 18

그대가 세상에 있어.

그럼 내일 연습하죠, 뭐.

그녀가 변심했어!

Day 19

아무것도 아니에요.

지들러의 기지로 위기는 넘겼다.

본인에게 말하지 마.

Day 20

가난한 악사는 밤새도록 기다렸다.

왜 창부가 작가를 선택하죠?

그딴 헛소리 관둬!

Day 21

결말을 다시 쓰시오.

우린 그저 기다려야만 했다.

그가 재능이 있어서 싫어도 그의 비위를 맞춰 줘야 해요.

Day 22

창녀들이 추는 춤이 있지!

사고파는 사랑엔 믿음이 없어.

옳고 그름엔 관심 없는 그대.

Day 23

더는 연극을 하고 싶지 않았어.

상관없어.

그리고 그녀가 공연이 끝날 때 내 곁에 올 거야.

Day 24

크리스찬은 날 사랑한다고요.

또 잔꾀를 쓰려고요, 해럴드?

아냐, 새틴 의사가 말했어.

Day 25

딴 방법은 없어.

또 하나의 희생양… 또 한 번 죄를 지었네.

결국은 팔자소관.

Day 26

쇼는 계속돼야 해!

계속 웃어야만 하네.

이를 악물고, 정상에 설 거야.

Day 27

방금 공작이 와서 모는 걸 다 해 주겠다고 했어.

한데 조건이 있어.

뭔가 이상해. 뭐야?

Day 28

진실을 말해.
놈은 질투로 눈이 멀었어!
사랑과 예술은 좀 알지.

Day 29

문득 의심이 피어올랐다.
내 인생에 마지막으로….
젊음과 매력도 결국엔 시들지.

Day 30

넌 내 거야.
새틴에게 말했소, 오면 죽는다고!
돈을 지불할게.

Day 31

어떤 일이 있어도
죽을 때까지 그대만을 사랑하리.
내 식대로 끝내!

※

나 없어도 꿋꿋해야 돼.

그렇게 세월이 흘러가던 어느 날.

가장 위대한 일은 누군가를 사랑하고 또 사랑을 받는 것.

5. 마음의 눈으로 거짓된 세상 앞에 춤을 추다
어둠 속의 댄서

포스터 속 한 여인이 따뜻하고도 황홀한 미소를 짓고 있다. 해피엔딩을 연상케 하지만 이 영화를 보고 나온 관객들은 가슴을 짓누르는 슬픔을 느껴야만 했다. 〈어둠 속의 댄서(Dancer In The Dark)〉(2000)는 아이슬란드 뮤지션인 비요크가 작곡가로 참여했다가 주연을 맡아 인상적인 연기를 펼친 영화로 유명하다. 이 작품은 제53회 칸 영화제에서 작품상과 여우주연상을 함께 수상했는데, 연기가 처음이던 뮤지션의 연기가 얼마나 강렬했는가를 짐작케 한다.

1960년대 미국 워싱턴 주 작은 마을을 배경으로 체코에서 이민을 온 셀마(비요크 분)가 등장한다. 그녀는 싱크대 공장에서 하루 종일 고된 노동을 하지만 늘 꿈꾸듯 노래와 춤을 상상하며 하루하루를 즐겁게 살아간다. 공장 사람들과 뮤지컬 〈사운드 오브 뮤직〉을 연습하는 것이 삶의 재미인 셀마에게는 사실 소망이 하나 있다. 바로 그녀처럼 점차 시력을 잃어 가는 아들을 위해 열세 살 생일에 수술을 받게 해 주는 것이었다. 모자란 수술비를 채우기 위해 셀마는 야근을 자청하나 시력이 좋지 않아 실수를 하게 되고 그만 해고당하고 만다.

셀마의 집주인이자 평소 허물없이 지내던 경찰관 빌(데이빗 모스 분)이 셀마를 찾아와 대화를 나누며 셀마의 슬픔을 위로한다. 빌은 자신의 아내의 사치를 감당하기 어렵다고 털어놓으며 비밀 얘기를 시작하고, 셀마는 자신이 곧 눈이 보이지 않게 될 거라는 이야기를 빌에게 털어놓게 된다. 하지만 다행히 자신처럼 시력이 약해져만 가는 아들을 위해 수술비를 모으고 있다며 서로의 비밀을 지켜 주자고 빌과 약속한다.

그러나 빌은 셀마를 속이고 셀마가 평생 모으다시피 한 아들의 수술비를 훔쳐 달아난다. 셀마는 돈을 찾기 위해 빌을 찾아가지만 빌은 오히려 셀마를 도둑으로 몰아세우고 경찰관의 지휘를 이용해 권총을 꺼내 든다. 빌은 자신을 죽이지 않고는 돈을 가져갈 수 없다며 버텼고, 거친 실랑이 끝에 셀마는 빌의 손에 들린 권총으로 빌을 죽이게 된다. 순식간에 일어난 일이었고 셀마는 일급 살인으로 기소되어 사형선고를 받게 된다.

형 집행 당일, 모든 것을 다 잃은 셀마에게 공장 동료가 안경 하나를 쥐어 준다. 그리고 이내 아들이 무사히 수술을 받았음을 알게 된 셀마는 사형 집행 장소로 향하며 현실인 듯 꿈인 듯 모를 기쁨의 노래를 부르며 춤을 춘다. 그리고 집행인들 앞에서 눈을 감고 기쁨의 노래를 부르던 중 셀마의 형이 집행되고 텅, 소리와 함께 셀마의 노랫소리는 영원히 멈추고 만다.

영화는 현실과 셀마의 상상이 교차되며 진행되는데 셀마가 상상할 때마다 노래가 흐르고 군무 장면이 등장한다. 공장에서 모두가 함께 신나게 어울려 자유롭게 춤을 출 때 배경 삼아 흐르던 기계의 소음은 마치 연주곡처럼 들린다. 재판을 받을 때도 모두가 노래를 부르고 단상 위로 올라가 발을 구르던 장면에서도 어김없이 군무가 등장한다.

셀마가 기찻길을 따라 집으로 향하며 흐르는 물처럼, 불어오는 바람처럼 춤추며 노래하는 장면에서는 주변의 모든 것들이 셀마만을 위해 존재하는 오케스트라처럼 느껴지기도 한다. 셀마는 자신에게 조심히 가라며 말하는 사람에게 "나는 이미 모든 것을 보았다."고 답하며 노래한다. 교도소에 갇혀서는 〈사운드 오브 뮤직〉에 등장하는

〈My Favorite Things(내가 좋아하는 것들)〉를 부르며 견뎌 낸다.

　셀마가 바라보는 현실은 흐릿하고 상상하는 세계는 선명하다. 대부분의 사람들이 앞을 잘 보지 못하는 셀마에게 불리한 증언을 하고 모든 것을 알고 있는 빌의 아내조차 사실을 왜곡한다. 셀마가 상상하는 세계 속 모든 이들은 진실을 노래하는데, 현실 속 사람들은 모두 진실 앞에 스스로 눈을 가려 앞을 잘 보지 못한다. 결국 모두와 함께 춤추며 노래했던 세상은 무너져 내리지만, 자신이 사랑했던 아들의 세상은 그 어느 때보다 선명할 것임을 알기에 셀마는 눈을 감은 채 현실에서 홀로 목청 높여 노래를 부른다.

도전 스크린 영어 ✒

Day 1

I think she sings funny.

노래 못 부르는 것 같은데.

Please don't drop the props, Kathy.

소품 조심해요, 캐시.

Keep your eyes on the machine, okay?

기계에서 눈 떼지 말아요, 알았죠?

Day 2

Don't be too worried.

너무 걱정하지 말아요.

Do you think I joke?

내가 농담하는 줄 아니?

Selma, I⋯ I can⋯ drive him back to school if you like.

셀마, 당신만 괜찮다면 내가 갤 다시 학교에 데려다줄게요.

Day 3

I don't even punch out until after another two hours.

퇴근하려면 두 시간 더 남았어요.

I'm sure of it.

물론이죠.

So long, farewell.

안녕, 잘 가요.

Day 4

Why··· why should you··· always ask me so··· so stupid
questions?

왜 엄마는 바보 같은 질문을 하는 거죠?

That··· that would be lovely.

그건··· 그건 멋질 거예요.

You're doing a very nice job with these.

이걸 정말 잘하는군요.

Day 5

You have to be very careful not to bend the card.

카드가 구겨지지 않게 조심해야 해요.

Of course, it's all that money you inherited,

물론 당신이 물려받은 돈이겠죠.

I think you're always so serious, Kathy.

제 생각에 당신은 늘 심각한 것 같아요, 캐시.

Day 6

I don't think inside you're serious at all.

적어도 속으론 그렇지 않겠죠.

Not always.

늘 그런 건 아니야.

It's when she cannot keep up, and she's going to faint.

버티지 못하고 기절할 거야.

Day 7

But⋯ I'm almost the only kid in class who doesn't have a bike.

우리 반에서 자전거를 갖고 있지 않은 앤 나뿐이에요.

Look what she's brought for you!

널 위해 뭘 가져왔는지 봐.

Selma, it was second-hand.

셀마, 중고예요.

Day 8

Can't you be that kind of a mother?

좀 좋은 엄마가 될 순 없어요?

I didn't know you were such a good biker.

이렇게 잘 타는지 몰랐네.

Rust and women are the same.

녹스는 것과 여자를 다루는 일은 같아.

Day 9

I don't know what it meant.

무슨 말인지 모르겠군.

I have no money.

나 돈 없어요.

All the money that I inherited is…

내가 물려받은 모든 돈은…

Day 10

She spends and spends.

돈을 물 쓰듯 써요.

And my salary's nowhere near enough.

내 월급으론 근처도 못 가죠.

Because I'm so far behind on the payments.

할부금이 한참 밀렸거든요.

Day 11

It's not as bad as it sounds.

말처럼 그리 나쁜 건 아니에요.

It's a family thing. You… you mustn't tell him, because then it could get worse.

가족 내력이죠. 상황이 더 나빠질 수 있으니 절대 그 애에겐 말해선 안 돼요.

They can operate on Gene when he turns 13.
진이 13살이 되면 수술받을 수 있어요.

Day 12

And you made up that story about your father?
그럼 아버지에 관한 이야기도 지어낸 거예요?

And that's why you put in all these hours
그래서 많은 시간 일을 했군요.

How is it your fault?
어떻게 당신 잘못이라는 거예요?

Day 13

I've got little games I play when it goes really hard.
힘든 일이 있을 때 내가 해 왔던 사소한 게임이 있죠.

I used to cheat on that when I was a little girl
내가 어린 소녀였을 때 그렇게 속이곤 했어요.

It takes a whole day to mend.
고치려면 온종일 걸려요.

Day 14

I could do my job with my eyes closed.

난 눈감고도 내 일을 할 수 있어요.

It's just because I was daydreaming.

그냥 딴생각했어요.

Dreaming about what?

어떤 딴생각?

Day 15

I promise I will stop daydreaming.

딴생각 않는다고 약속해요.

I don't know why I bother that much.

내가 왜 그것으로 속 썩이고 있는지 모르겠네.

If you're not going with Kathy, can I give you a lift?

캐시랑 안 가면, 데려다줄까요?

Day 16

You're a really nice guy, Jeff.

당신 참 좋은 사람이에요, 제프.

But… I just don't have time for a boyfriend.

하지만, 남자 친구 사귈 시간이 없어요.

If I could just make the next payment, I'd have a bit more time.

다음번 지불을 하려면, 좀 더 시간이 걸릴 거야.

Day 17

Linda wants new couches.

린다가 새 소파를 사재요.

Selma, I'm kidding.

셀마, 농담한 거예요.

It's been the same for the whole period I've been here.

내가 여기 있는 동안 (임대료 인상 없이) 항상 같았어요.

Day 18

No, Selma, I won't hear it.

아뇨, 셀마, 별말씀을요.

Two boxes at the same time now?

한 번에 상자 두 개를 든다고?

I'm… I'm gonna do the night shift.

제… 제가 야간 근무할게요.

Day 19

It suits me fine.

저에게 딱 맞아요.

It's just after drama class.

연극 수업 직후예요.

I thought it'd be quicker if I walked.

걷는 게 빠를 것 같다고 생각했어요.

Day 20

Then the show doesn't have to stop.

그리고 쇼가 멈추면 안 되지.

This pallet must never be empty.

이 화물 운반대가 비어 있어서는 안 돼.

It's exactly the same as the daytime.

낮이나 밤이나 같아.

Day 21

The only thing is you have to work a little faster.

한 가지는 일을 더 빨리해야 한다는 거예요.

I'm on my own time now.

오롯이 내 시간이거든요.

How I spend it is my own business.

내가 어떻게 할지는 내 일이에요.

Day 22

Get away from the machine!

기계에서 물러나!

I think I found a solution to our problem.

우리 문제를 해결할 방법을 찾았어요.

We'll just work it out together.

우리 함께 해결해야 해요.

Day 23

Let's take this a little more seriously.

좀 진지하게 해요.

Unless you have something else you wanna suggest.

적어도 네가 뭔가 다른 제안을 하고 싶은 게 없다면.

My heart just isn't in this…

이 일에 대한 제 심정이 그렇지 않아요.

Day 24

We were off for the whole day.

종일 놀았어요.

And I guess, and then I… I forgot.

생각했는데… 잊어버렸어요.

Maybe we can find you something away from the machines

기계랑 먼 일을 찾아봐야 할 것 같아.

Day 25

What is she going to do now?

그녀가 지금 뭘 해야 하는 거죠?

What is there to see?

볼 게 뭐 있나요?

That you came on to him.

네가 그를 꾀었다며.

Day 26

You've got nothing to say for yourself?

스스로 할 말이 없죠?

You didn't tell her I was lying?

그녀에게 내가 거짓말한 거 말 안 했지?

I can't count it now, but I trust you.

난 지금 돈을 세어 볼 순 없어요, 하지만 당신을 믿어요.

Day 27

And show some mercy, please, and just···

부탁 좀 들어줘, 제발, 그리고···

Strange. I couldn't feel it at all.

이상하군요. 난 전혀 느낄 수 없었어요.

He will come, and he will say that his name is Novy.

그 애가 와서, 그의 이름이 Novy라고 말할 거예요.

Day 28

And then you will know··· that he has been paid for.

아실 거예요··· 그 애가 돈을 다 지급했다는 것을요.

I think Gene may wonder where I am.

진은 내가 어디에 있나 궁금해할 거예요.

You know, most cases get one the first time.

저기요, 대부분은 처음은 봐줘요.

Day 29

She had nothing but contempt for our great country and its principles?

그녀는 위대한 조국과 신념을 오롯이 경멸한 것뿐입니다.

He was pleading for his life?

그가 목숨을 구걸하던가요?

You shall have no mercy either!

당신은 정말 무자비하군요!

Day 30

We're meant to believe…

정리하자면…

What exactly is your relationship with the defendant?

피고와 정확히 무슨 관계죠?

He should not be afraid, because there's nothing to be afraid of, Kathy.

그는 두려워할 게 하나 없으니 두려워할 필요 없어, 캐시.

Day 31

He says your lawyer was incompetent.

그가 말하길 당신의 변호사가 무능했대요.

But you've got a much better case now.

이제 더 나은 상황이 되었어요.

You can apply for a stay.

유예 신청을 할 수 있어요.

※

I just can't take it, Kathy.

나 신청 안 할래요, 캐시.

That's not against the rules, to listen, is it?

듣기엔, 위법은 아니죠, 맞죠?

I'm so happy for you.

너에게 잘됐어.

I have some experience in cases like this, so…

전 이런 상황에 대한 경험이 많아요, 그래서…

The only thing that's important to me in my whole life,

제 인생에서 가장 중요한 한 가지는,

I just want to make sure that you fully comprehend what

this means, this decision.

그 의미, 결정이 무엇을 의미하는지 당신이 완벽히 이해했는지

확실히 하고 싶어요.

Yeah. You fully realize what will happen?

정말 앞으로 무슨 일이 일어날지 알고 있는 거예요?

You can't buy him··· presents and say it's from me.

난 걔에게 선물을 사 줄 수가 없는데, 내가 보낸 거로 했군요.

No, that's··· that's not a good idea.

안 돼요, 그건 좋은 생각이 아녜요.

Why did you have him?

왜 그 앨 낳았어요?

I just wanted to hold a little baby···

그냥 작은 아이를 안아 보고 싶었어요.

She can walk on her own.

혼자서 걸어갈 수 있어요.

I'm afraid my legs aren't working very well.

제 다리가 잘 안 움직이네요.

#궁금해요!

I've got little games I play when it goes really hard.
힘든 일이 있을 때 내가 해 왔던 사소한 게임이 있죠.

goes hard / hardly? 일반 동사 뒤에 ~ly이 붙은 부사가 와야 하는 것 아닌가요?

일반 동사 뒤에 부사가 오는 것은 맞아요. 그러나 부사와 형용사의 형태가 같은 것들이 있습니다. hard와 hardly 같은 경우지요. hard는 '열심히, 힘든'의 뜻으로 쓰이며 형용사, 부사의 형태가 같습니다. hardly 는 '거의, 드물게'의 뜻을 가지고 있는 전혀 다른 단어예요.

It's exactly the same as the daytime.
낮이나 밤이나 같아.

as same as 이렇게 써야 하는 것 아닌가요? 왜 the same as를 사용 하나요?

The only, The same, The best는 정해져 있어서 the를 사용해요.

#간단한 구문 설명

I think she sings funny.
노래 못 부르는 것 같은데.

I think (that) 주어 + 동사가 오는 문형으로 think, believe 등의 동사
들이 주로 that + S + V를 쓰며 that은 생략될 수 있어요.

Look, what she's brought for you!
널 위해 뭘 가져왔는지 봐.

Look, what 주어 + 동사
look은 자동사로서 at, for 등과 같은 전치사랑 같이 쓰는데 구어체이
므로 의미를 전달하는 look만 사용했어요. 다음 what + S + V(buy)의
목적어가 필요한데 선행사가 없으므로 what을 써 줬습니다. what은
the thing which와 같아요.

It's not as bad as it sounds.
말처럼 그리 나쁜 건 아니에요.

as + 형용사 + as로 '~만큼 ~하다'라는 원급 비교 표현이에요.
it is (be) 뒤에 나오는 것이므로 as와 as 사이에는 형용사 bad가 나와

야 해요.

It's a family thing. You… you mustn't tell him, because then it could get worse.
가족 내력이죠. 상황이 더 나빠질 수 있으니 절대 그 애에겐 말해선 안 돼요.

get + 비교급은 '더 ~해지다'라는 뜻으로 쓰였어요.
get은 여기서 얻다(타동사)가 아니라 되다(자동사)로 쓰인 거예요.

실전 말해 보기 ✍

Day 1

노래 못 부르는 것 같은데.

소품 조심해요, 캐시.

기계에서 눈 떼지 말아요, 알았죠?

Day 2

너무 걱정하지 말아요.

내가 농담하는 줄 아니?

셀마, 당신만 괜찮다면 내가 걜 다시 학교에 데려다줄게요.

Day 3

퇴근하려면 두 시간 더 남았어요.

물론이죠.

안녕, 잘 가요.

Day 4

왜 엄마는 바보 같은 질문을 하는 거죠?

그건… 그건 멋질 거예요.

이걸 정말 잘하는군요.

148

Day 5

카드가 구겨지지 않게 조심해야 해요.

물론 당신이 물려받은 돈이겠죠.

제 생각에 당신은 늘 심각한 것 같아요, 캐시.

Day 6

적어도 속으론 그렇지 않겠죠.

늘 그런 건 아니야.

버티지 못하고 기절할 거야.

Day 7

우리 반에서 자전거를 갖고 있지 않은 앤 나뿐이에요.

널 위해 뭘 가져왔는지 봐.

셀마, 중고예요.

Day 8

좀 좋은 엄마가 될 순 없어요?

이렇게 잘 타는지 몰랐네.

녹스는 것과 여자를 다루는 일은 같아.

Day 9

무슨 말인지 모르겠군.

나 돈 없어요.

내가 물려받은 모든 돈은…

Day 10

돈을 물 쓰듯 써요.

내 월급으론 근처도 못 가죠.

할부금이 한참 밀렸거든요.

Day 11

말처럼 그리 나쁜 건 아니에요.

가족 내력이죠. 상황이 더 나빠질 수 있으니 절대 그 애에겐 말

해선 안 돼요.

진이 13살이 되면 수술받을 수 있어요.

Day 12

그럼 아버지에 관한 이야기도 지어낸 거예요?

그래서 많은 시간 일을 했군요.

어떻게 당신 잘못이라는 거예요?

Day 13

힘든 일이 있을 때 내가 해 왔던 사소한 게임이 있죠.

내가 어린 소녀였을 때 그렇게 속이곤 했어요.

고치려면 온종일 걸려요.

Day 14

난 눈감고도 내 일을 할 수 있어요.

그냥 딴생각했어요.

어떤 딴생각?

Day 15

딴생각 안 한다고 약속해요.

내가 왜 그것으로 속 썩이고 있는지 모르겠네.

캐시랑 안 가면, 데려다줄까요?

Day 16

당신 참 좋은 사람이에요, 제프.

하지만, 남자 친구 사귈 시간이 없어요.

다음번 지불을 하려면, 좀 더 시간이 걸릴 거야.

Day 17

린다가 새 소파를 사재요.

셀마, 농담한 거예요.

내가 여기 있는 동안 (임대료 인상 없이) 항상 같았어요.

Day 18

아뇨, 셀마, 별말씀을요.

한 번에 상자 두 개를 든다고?

제… 제가 야간 근무할게요.

Day 19

저에게 딱 맞아요.
연극 수업 직후예요.
걷는 게 빠를 것 같다고 생각했어요.

Day 20

그리고 쇼가 멈추면 안 되지.
이 화물 운반대가 비어 있어서는 안 돼.
낮이나 밤이나 같아.

Day 21

한 가지는 일을 더 빨리해야 한다는 거예요.
오롯이 내 시간이거든요.
내가 어떻게 할지는 내 일이에요.

Day 22

기계에서 물러나!
우리 문제를 해결할 방법을 찾았어요.
우리 함께 해결해야 해요.

Day 23

좀 진지하게 해요.

적어도 네가 뭔가 다른 제안을 하고 싶은 게 없다면.

이 일에 대한 제 심정이 그렇지 않아요.

Day 24

온종일 놀았어요.

생각했는데… 잊어버렸어요.

기계랑 먼 일을 찾아봐야 할 것 같아.

Day 25

그녀가 지금 무엇을 해야 하는 거죠?

볼 게 뭐 있나요?

네가 그를 꾀었다며.

Day 26

스스로 할 말이 없죠?

그녀에게 내가 거짓말한 거 말 안 했지?

난 지금 돈을 세어 볼 순 없어요, 하지만 당신을 믿어요.

Day 27

부탁 좀 들어줘, 제발, 그리고…

이상하군요. 난 전혀 느낄 수 없었어요.

그 애가 와서, 그의 이름이 Novy라고 말할 거예요.

Day 28

아실 거예요… 그 애가 돈을 다 지급했다는 것을요.

진은 내가 어디에 있나 궁금해할 거예요.

Day 29

그녀는 위대한 조국과 신념을 오롯이 경멸한 것뿐입니다.

그가 목숨을 구걸하던가요?

당신은 정말 무자비하군요!

Day 30

정리하자면…

피고와 정확히 무슨 관계죠?

그는 두려워할 게 하나 없으니 두려워할 필요 없어, 캐시.

Day 31

그가 말하길 당신의 변호사가 무능했대요.

이제 더 나은 상황이 되었어요.

유예 신청을 할 수 있어요.

※

나 신청 안 할래요, 캐시.

듣기엔, 위법은 아니죠, 맞죠?

너에게 잘됐어.

전 이런 상황에 대한 경험이 많아요, 그래서…

제 인생에서 가장 중요한 한 가지는,

그 의미, 결정이 무엇을 의미하는지 당신이 완벽히 이해했는지

확실히 하고 싶어요.

정말 앞으로 무슨 일이 일어날지 알고 있는 거예요?

난 걔에게 선물을 사 줄 수가 없는데, 내가 보낸 거로 했군요.

안 돼요, 그건 좋은 생각이 아녜요.

왜 그 앨 낳았어요?

그냥 작은 아이를 안아 보고 싶었어요.

혼자서 걸어갈 수 있어요.

제 다리가 잘 안 움직이네요.

6. 러시아 황제의 슬픈 러브 스토리
마틸다: 황제의 연인

19세기 말 제정 러시아의 마지막 황제 니콜라이 2세와 러시아 황실 발레단의 수석 무용수 마틸다 크셰신스카의 사랑 이야기를 다룬 〈마틸다: 황제의 연인(Mathilde)〉(2017)은 역사적 사실을 바탕으로 만들어졌다. 러시아 황실의 화려한 모습과 당시 최고라 칭송받던 러시아 발레까지 만나 볼 수 있는 매력적인 영화이다.

알렉산드로 3세(세르게이 가르마시 분)가 갑작스럽게 세상을 떠나자, 황태자였던 니콜라이 2세(라르스 아이딩어 분)가 갑작스럽게 황제의 자리에 오르게 된다. 그러나 왕관을 쓰기 직전 니콜라이 2세가 갑자기 쓰러진다. 죽을 줄로만 알았던 그의 첫사랑이자 유일한 사랑이었던 마틸다(미할리나 올샨스카 분)가 니콜라이의 이름을 불렀기 때문이다. 그리고 시간을 거슬러 내려가 둘의 사랑이 시작된 그날을 비춘다.

국가적 행사에 초대된 발레단이 등장하고 아름다운 외모로 귀족들의 마음을 빼앗는 마틸다가 있다. 황태자 니콜라이 역시 마틸다에게 호감을 보이며 따로 불러내 화려한 목걸이를 선물한다. 하지만 황태자는 그저 화려한 보석과 마틸다의 성공을 무기 삼아 환심을 사기에만 급급하다. 이에 마틸다는 황태자의 선물을 뿌리치고 차갑게 돌아선다.

발레단의 공연이 시작되고 마틸다의 라이벌인 레냐니(사라 슈테른 분)가 마틸다의 상의 끈을 몰래 풀어 무대에선 마틸다를 곤경에 빠트린다. 한 마리 백조처럼 춤추던 마틸다는 어깨 끈이 풀어져 가슴이 노출되는 사고를 겪지만 굴하지 않고 의연하게 공연을 이어 간다. 그 모습에 기립박수가 쏟아져 나오고 황태자는 공연이 끝난 뒤 마틸다를 찾아와 꽃을 건네며 그녀의 실력을 진심으로 인정하게 된다.

그렇게 황태자와 마틸다의 사랑이 시작되고 둘의 관계는 깊어져만 간다. 하지만 황태자와 무용수는 이루어질 수 없는 사랑이었고 황실의 싸늘한 시선이 두 사람에게 쏟아진다. 하지만 니콜라이 2세의 아버지이자 황제인 알렉산드로 3세만은 따뜻했다.

그러던 어느 날 황제가 갑자기 사망하며 황제의 자리에 오르게 된 니콜라이는 즉위 직전 결혼을 해야 하는 운명에 처한다. 황실의 압박에 마틸다는 니콜라이를 떠나려 했고, 마틸다가 탄 배에 불이 나면서 니콜라이는 그녀가 죽었다고 생각하게 된다. 마틸다는 황실의 위협에서 발레로 이별의 아픔을 잊으려 노력했고 발레단에서는 살아남으려 32회전 푸에테(한 발로 중심을 잡고 회전하는 고난도 기술)를 해내기 위해 발에 피가 나도록 연습에 매진했던 그녀다.

다시 영화의 첫 장면으로 돌아와 쓰러졌던 황태자가 깨어나고 결국 스스로 왕관을 쓰고 황제로서의 자신의 운명을 받아들이게 된다. 이렇게 러시아의 마지막 황제와 마틸다의 사랑 이야기는 막을 내린다.

이 영화는 러시아 정교회의 반발로 자국인 러시아에서는 개봉하지 못했다. 영화에 허구가 가미되어 혼란을 야기할 수 있다는 이유 때문이었다. 그렇지만 러시아 황실과 러시아 발레단의 화려한 모습을 함께 볼 수 있다는 것만으로도 이 영화는 큰 매력을 갖는다. 19세기 말 발레 강국이었던 러시아의 모습도 고스란히 재현되어 보는 재미를 더한다. 특히 마틸다가 무대에서 사고를 당하면서도 한 치의 흔들림 없이 동작을 이어 나가는 모습은 묘한 감동을 불러일으킨다.

영화적 상상력이 다소 과하게 가미되어 있다는 평을 받지만, 러시아 발레와 러시아 문화를 사랑한다면 그 자체만으로도 의미 있는 영화이지 않을까.

도전 스크린 영어 ✍

Day 1

I have carefully selected them for the Imperial ballet.

황실 발레단을 위해 신중히 골랐습니다.

Elegance itself.

자체로 우아하군!

What can I say?

말이 필요 없죠?

Day 2

I'll turn my head and signal, and then take the picture right away.

제가 고개를 올리면, 그때 바로 찍으세요.

Introduce me to her.

그녀를 소개해 주게.

You are even more beautiful in life than on stage.

무대에서보다 훨씬 더 아름답군요.

Day 3

I would love to contemplate your beauty more often.

당신의 아름다움을 좀 더 자주 보고 싶어요.

I will always be happy to see you.

전 언제든지 좋아요,

Hurry up, ladies!

서둘러요, 아가씨들!

Day 4

Why these photographs, Ivan Karlovich?

왜 사진을 찍어요, 이반 칼로비치?

You look magnificent!

너 너무 예쁘구나!

Here is what you need.

너에게 필요한 것, 여기 있어.

Day 5

She's proud. Bright eyes.

이 여잔 당당하구나. 눈도 빛나고.

I don't like your German.

너의 독일 여성이 맘에 안 든다.

And I suppose you plan to marry her?

그녀와 결혼할 생각이니?

Day 6

As heir I must be ready to···

후계자라면 당연히 그래야죠.

Ascend to the throne?

왕좌를 승계하기 위해서?

Remember her name?

그녀의 이름은 기억하니?

Day 7

Sasha, have you been showing him ballerinas again?

샤샤, 그에게 또 발레리나들을 보여 주고 있는 거예요?

I'll either get married or run away and be a monk.

난 결혼을 하거나 못하면 도망가서 수도승이 되겠어요.

Mathilde, you have caught the eye of that handsome duke
Andrei.

마틸다, 잘생긴 공작 앤드리아의 눈을 사로잡았구나.

Day 8

Smile at him.

그에게 좀 웃어 줘.

You silly fool.

이런 바보 같긴.

She is very beautiful!

너무 아름다워요.

Day 9

Not bad.

나쁘진 않군.

What present do you have for her?

그녀에게 뭘 선물할 건가?

I also want to find out who I really am.

나 또한 내가 진짜 누군지 알아보고 싶군.

Day 10

Please accept this gift as a token of my respect.

부디 나의 경의의 표시로 이 선물을 받아 주오.

This is how it will be.

이렇게 될 거예요.

You'll be the one who can't forget me, who will try to see me, who will be torn and jealous.

당신은 나를 잊지 못하고, 만나기를 바라고, 고통받고 질투하는 사람이 될 거예요.

Day 11

As long as you live,

당신이 살아 있는 한,

You'll never love anyone as you love me.

당신이 날 사랑하는 만큼 다른 여자를 절대 사랑할 수 없을 거
예요.

That was my kiss you stole!

내 키스를 훔쳐 갔어.

Pity I didn't kill him.

불쌍하여 나는 그를 죽이지 않았소.

Day 12

They think I am your lover.

내가 당신의 정부라고 생각해요.

They say I've slept my way onto the stage.

내가 무대를 따내려고 잤다고 생각해요.

Learn how, and then we can dance together!

어떻게 하는지 배워서 우리 같이 춤춰요.

Day 13

I've heard you are engaged.

약혼했다고 들었어요.

But nothing is set in stone.

하지만 아무것도 정해진 건 없소.

How much time do you have?

시간이 얼마나 남았죠?

Day 14

There is still time.

아직 시간이 있네요.

Aren't you afraid that someone may attack you again?

또 다른 이가 당신을 공격할지도 모르는데 두렵지 않나요?

I have many admirers.

많은 추종자가 있어요.

Day 15

Although, I have the strange feeling I've seen him before.

하지만, 그를 전에 본 듯한 이상한 느낌이 있어요.

What's become of him?

그는 어떻게 되었죠?

I pardoned him.

그를 사면했소.

Day 16

I hope my son got everything that he wanted from you, and now we'll only see you on the stage.

내 아들이 네게서 원하는 것을 얻었길 바라며, 넌 오직 무대에 서만 보길 바란다.

Get dressed. You are coming with me.

옷 입어요. 우리 같이 가요.

What can I wish you, Nicky?

내가 네게 뭘 바라니. 니키?

Day 17

Keep a grip on Russia.

러시아를 움켜쥐는 것이다.

A tight grip, like this…

이렇게 강하게…

I will not die tonight.

오늘 죽진 않을 거야.

Day 18

Who is this with you?

같이 오신 분은 누구지?

Do approach, young lady.

가까이 오시게, 아가씨.

I haven't had time to prepare him for any of it.

내가 아들을 제대로 키울 시간이 없었소.

Day 19

Respect my father's wishes.

아버님의 뜻을 따르시죠.

I'm not ready.

난 아직 준비가 안 됐다고.

I don't know how to be tsar.

황제가 되는 법도 몰라.

Day 20

You are not leaving me time to think.

생각할 시간도 안 주시는 거예요.

That's out of the question.

말도 안 되는 거지.

Promise me!

약속해라.

Day 21

Then I will do it myself.

그럼, 내가 직접 하겠어.

I will dance the bride!

제가 신부 역을 할게요!

 I will, I will!

제가 할게요. 제가요!

Day 22

But only if you can dance the 32 fouettés.

하지만 푸에테를 32번 할 수 있어야만 해.

Don't doubt me.

날 못 믿어요?

My goodness, she is something. The little devil.

정말로, 그녀는 대단해. 작은 악마 같아.

Day 23

Let's try.

한번 해 봐요.

They lied tome.

사람들은 내게 거짓말을 했네.

Why does everyone lie to me?

왜 내게 거짓말을 하는 걸까?

Day 24

What do I get in return?

대가로 뭘 받죠?

What if I don't agree?

동의하지 않는다면요?

Think it over until tomorrow.

내일까지 생각해 봐.

Day 25

Do you have any other questions?

다른 질문 있나요?

Fiancées usually ask about their rivals.

약혼녀들은 대개 그들의 맞수에 관해 묻거든요.

I don't have any rivals!

경쟁자는 없어요!

Day 26

It's a question of blood.

혈통이 문제네요.

My blood isn't good enough.

내 혈통이 부합하지 않군요.

I shall search no more.

그만 찾아보죠.

Day 27

I came to see··· what it is you have that I don't.

내게 없는 어떤 매력을 가졌나 보러 왔어.

He won't be happy with you.

그는 당신과 행복할 수 없어요.

And yes, he's chosen you. But I've been chosen and placed at his side by God.

맞아, 그는 널 선택했지. 하지만 신은 그의 짝으로 날 선택하셨지.

169

Day 28

I know that life is for loving.

인생은 사랑을 위한 거예요.

And you can be happy and free, only with me.

당신은 나랑 있어야지만 행복해요.

Refuse the throne and my destiny⋯ How can I?

왕좌와 운명을 거스르라고⋯ 어떻게?

Day 29

I want to stop all this.

모든 것을 끝내고 싶어요.

I think I won't be happy.

내가 행복할 것 같지 않아요.

What of it?

그게 어때서?

Day 30

The fairy tale didn't come true.

동화가 현실이 될 순 없죠.

Will I see you again?

다시 볼 수는 있는 거니?

Do what you feel is right.

네 마음을 믿어라.

Day 31

You took no pity on me, but God has.

당신은 날 가엾이 여기지 않았지만, 신은 그랬어.

He's put you in my arms.

신이 내 손에 당신을 안겨 주었지.

That we may carry out Thy will.

주님의 뜻을 따르겠나이다.

#궁금해요!

I have carefully selected them for the Imperial ballet.
황실 발레단을 위해 신중히 골랐습니다.

have는 '가지다'라는 뜻이 아닌가요?

have done(과거분사) 현재완료일 때 have가 조동사로 쓰이면서 뜻을 따로 갖고 있지 않아요. 즉, '가지다'는 뜻이 아니에요.

'~한 적이 없다는 경험을 나타낼 때 have done 완료 형태를 써요.

have carefully selected는 have done의 형태로 여기서는 결과를 나타내요.

have selected의 형태로 조동사 + 원형 부정사의 형태로 보기에는 동사가 두 개인 것처럼 보이나 둘이 합쳐져서 결과의 뜻을 나타내요. 현재완료와 수동태를 헷갈리는 경우가 많은데, 수동태는 be done을 쓰고 동사 뒤에 목적어가 올 수 없어요.

You are even more beautiful in life than on stage.
무대에서보다 훨씬 더 아름답군요.

비교급에 ~er을 붙여도 될 것 같은데 more를 쓰는 이유는 뭔가요?

발음상 문제 때문에 그렇습니다. 좀 더 많은 단어를 쓰더라도 짧게 여러 번 발음하는 게 더 편하다는 말이죠. even more beautiful than은 비교급을 보여 주는 표현인데, 형용사와 부사는 원급, 비교급, 최상급의 급변화가 있고 2음절 이상의 긴 단어는 한 번에 발음하기가 어려우므로 단어에 ~er을 붙이는 것이 아니라 more를 붙여서 비교급을 만들어 주는 거예요. 또, 강조를 나타내기 위해서 even을 앞에 써 줘서 '훨씬'이라는 뜻을 표현해 줘요.

I will always be happy to see you.
전 언제든지 좋아요.

be가 나왔는데 어떻게 해석되나요?

영어에서 쉬우면서도 어려운 부분이 be 동사라고 할 수 있어요. am, are, is는 많이 보는데 be는 막상 사용하려면 어렵죠? am, are, is, be, being, been은 전부 be 동사인데 주어에 따라서 형태만 바뀌었다고 생각하면 돼요. 뜻도 '~이 있다, ~이다'로 해석하시면 돼요.
always 같은 부사는 빈도 부사(얼마나 자주인지를 나타내는 부사)로서 위치가 중요한데 조동사 뒤에 쓰시면 됩니다. 쓰는 위치가 어려우면 맨 앞에 쓰시면 돼요.

I will not die tonight.

오늘 죽진 않을 거야.

die와 kill은 어떤 차이가 있나요?

둘 다 '죽는다'라는 뜻이 있지만, 자세히 들여다보면 '죽는다', '죽이다'로 뜻이 달라요.

die는 자동사로서 뒤에 부사나 전치사 + 명사의 형태가 올 수 있으나, kill은 타동사로서 뒤에 목적어(명사)를 쓸 수 있어요.

Get dressed. You are coming with me.

옷 입어요. 우리 같이 가요.

get dressed는 수동태인가요?

수동태를 '~이 되다'의 표현으로 알고 계시고 뜻이 그렇게 되면 수동태라고 알고 있는 분들이 많은데, 수동태는 뜻의 문제가 아니라 be + done의 형태를 취하고 있어야만 수동태가 되는 거예요.

get dressed는 get + 형용사로 그 상태를 유지하는 것을 의미하는 거예요.

#간단한 구문 설명

I'll either get married or run away and be a monk.

난 결혼을 하거나 못하면 도망가서 수도승이 되겠어요.

either A or B 선택, 즉 either A or B는 둘 중의 하나를 나타내는 표현으로 상관접속사예요.

단, A와 B 자리에는 선택대상이므로 같은 품사가 와야 해요.

either get married(동사) or run away (동사)처럼 말이죠.

That was my kiss you stole!

내 키스를 훔쳐 갔어.

That was my kiss (that) you stole.

주절 + 종속절이 나온 문장에서 종속절이 my kiss를 꾸며 주는 형용사 절이고 that이 you stole 다음에 나오는 목적어 역할을 할 때 that은 생략 가능해요.

But nothing is set in stone.

하지만 아무것도 정해진 건 없소.

Nothing is set에서 be done 수동태를 썼으며, 여기서 be 동사는 수동태를 만드는 조동사로 쓰였어요.

nothing이라는 대명사는 단수 취급하기 때문에 is를 사용했어요.

실전 말해 보기 ✒

Day 1

황실 발레단을 위해 신중히 골랐습니다.

자체로 우아하군!

말이 필요 없죠?

Day 2

제가 고개를 올리면, 그때 바로 찍으세요.

그녀를 소개해 주게.

무대에서보다 훨씬 더 아름답군요.

Day 3

당신의 아름다움을 좀 더 자주 보고 싶어요.

전 언제든지 좋아요,

서둘러요, 아가씨들!

Day 4

왜 사진을 찍어요, 이반 칼로비치?

너 너무 예쁘구나!

너에게 필요한 것, 여기 있어.

Day 5

이 여잔 당당하구나. 눈도 빛나고.

너의 독일 여성이 맘에 안 든다.

그녀와 결혼할 생각이니?

Day 6

후계자라면 당연히 그래야죠.

왕좌를 승계하기 위해서?

그녀의 이름은 기억하니?

Day 7

샤샤, 그에게 또 발레리나들을 보여 주고 있는 거예요?

난 결혼을 하거나 못하면 도망가서 수도승이 되겠어요.

마틸다, 잘생긴 공작 앤드리아의 눈을 사로잡았구나.

Day 8

그에게 좀 웃어 줘.

이런 바보 같긴.

너무 아름다워요.

Day 9

나쁘진 않군.

그녀에게 뭘 선물할 건가?

나 또한 내가 진짜 누군지 알아보고 싶군.

Day 10

부디 나의 경의의 표시로 이 선물을 받아 주오.

이렇게 될 거예요.

당신은 나를 잊지 못하고, 만나기를 바라고, 고통받고 질투하는

사람이 될 거예요.

Day 11

당신이 살아 있는 한,

당신이 날 사랑하는 만큼 다른 여자를 절대 사랑할 수 없을 거

예요.

내 키스를 훔쳐 갔어.

불쌍하여 나는 그를 죽이지 않았소.

Day 12

내가 당신의 정부라고 생각해요.

내가 무대를 따내려고 잤다고 생각해요.

어떻게 하는지 배워서 우리 같이 춤춰요.

Day 13

약혼했다고 들었어요.

하지만 아무것도 정해진 건 없소.

시간이 얼마나 남았죠?

Day 14

아직 시간이 있네요.

또 다른 이가 당신을 공격할지도 모르는데 두렵지 않나요?

많은 추종자가 있어요.

Day 15

하지만, 그를 전에 본 듯한 이상한 느낌이 있어요.

그는 어떻게 되었죠?

그를 사면했소.

Day 16

내 아들이 네게서 원하는 것을 얻었길 바라며, 넌 오직 무대에

서만 보길 바란다.

옷 입어요. 우리 같이 가요.

내가 네게 뭘 바라니. 니키?

Day 17

러시아를 움켜쥐는 것이다.

이렇게 강하게…

오늘 죽진 않을 거야.

Day 18

같이 오신 분은 누구지?

가까이 오시게, 아가씨.

내가 아들을 제대로 키울 시간이 없었소.

Day 19

아버님의 뜻을 따르시죠.

난 아직 준비가 안 됐다고.

황제가 되는 법도 몰라.

Day 20

생각할 시간도 안 주시는 거예요.

말도 안 되는 거지.

약속해라.

Day 21

그럼, 내가 직접 하겠어.

제가 신부 역을 할게요!

제가 할게요. 제가요!

Day 22

하지만 푸에테를 32번 할 수 있어야만 해.

날 못 믿어요?

정말로, 그녀는 대단해. 작은 악마 같아.

Day 23

한번 해 봐요.

사람들은 내게 거짓말을 했네.

왜 내게 거짓말을 하는 걸까?

Day 24

대가로 뭘 받죠?

동의하지 않는다면요?

내일까지 생각해 봐.

Day 25

다른 질문 있나요?

약혼녀들은 대개 그들의 맞수에 관해 묻거든요.

경쟁자는 없어요!

Day 26

혈통이 문제네요.

내 혈통이 부합하지 않군요.

그만 찾아보죠.

Day 27

내게 없는 어떤 매력을 가졌나 보러 왔어.

그는 당신과 행복할 수 없어요.

맞아, 그는 널 선택했지. 하지만 신은 그의 짝으로 날 선택하셨지.

Day 28

인생은 사랑을 위한 거예요.

당신은 나랑 있어야지만 행복해요.

왕좌와 운명을 거스르라고… 어떻게?

Day 29

모든 것을 끝내고 싶어요.

내가 행복할 것 같지 않아요.

그게 어때서?

Day 30

동화가 현실이 될 순 없죠.

다시 볼 수는 있는 거니?

네 마음을 믿어라.

Day 31

당신은 날 가엾이 여기지 않았지만, 신은 그랬어.

신이 내 손에 당신을 안겨 주었지.

주님의 뜻을 따르겠나이다.

댄스,
꿈과
열정으로

When you get this,
you gotta give it everything you got.

기회를 잡으면,
네가 할 수 있는 모든 걸 쏟아부어야 해.

_영화 〈라라랜드〉 중에서

7. 새로운 태양을 기다리는 우리들의 춤
라라랜드

젊은 세대의 최대 관심사가 '취업'이 된 것은 비단 어제오늘의 일만은 아니다. 누구나 가슴에 꿈을 품고 살아가지만 꿈을 이루며 돈을 버는 것은 특별한 이에게만 허락된 일처럼 느껴진다. 이렇듯 장기간 꿈과 돈 사이의 팽팽한 줄다리기를 하다 보면 점점 꿈은 멀어지고 현실과 가까이 마주하게 된다. 그럼에도 뜨거운 불을 삼킨 듯 뜨거운 열정 하나로 꿈을 향해 가는 사람들은 존재한다. 〈라라랜드(La La Land)〉(2016)는 이들에게 꿈과 열정을 선사한다.

이 영화를 집약적으로 보여 주는 장면으로는 〈Another Day of Sun(내일은 새로운 태양이 떠오를 테니까)〉에 맞춰 꽉 막힌 고속도로에서 펼쳐지는 군무 장면을 들 수 있다. 오디션을 앞둔 배우 지망생 미아(엠마 스톤 분)는 차 안에서 급하게 대사를 외우고, 재즈 피아니스트 세바스찬(라이언 고슬링 분)은 자신의 차 안에서 카세트테이프를 돌려 가며 음악에 몰두한다. 도로 위에 즐비하게 늘어선 차 안에서 하나둘씩 창문을 열어 보다 누군가가 문을 열고 내리면서 노래가 시작된다.

그리고 갑자기 마법처럼 사람들이 노래하고 춤을 추고 발을 맞추기 시작한다. 아주 비현실적이고도 멋진 무대가 도로 위에서 펼쳐진다. "낙담해도 다시 박차고 일어나. 아침은 다시 올 테고 내일은 새로운 태양이 떠오를 테니까."라는 가사처럼 모두가 뜨거운 태양처럼 불타오른다. 그리고 노래가 끝나자마자 아무런 일도 없었다는 듯 차에 올라타면서 영화가 시작된다.

미아는 할리우드의 한 카페에서 일하며 오디션을 보러 다니지만 번번이 낙방하고, 세바스찬은 돈을 벌기 위해 다니던 클럽에서 해고당하고 만다. 둘은 거듭해서 우연히 서로 마주치게 되자 어딘지 모르게 닮은 모습에 서로에게 이끌린다. 둘은 빠르게 사랑에 빠지고 함께 살게 되는데 세바스찬은 당장의 생계를 위해 자신의 꿈을 과감하게 접는다. 미아는 그런 세바스찬의 지지를 받으며 직접 대본을 쓰고 극장을 빌려 일인극을 선보이지만 관객조차 거의 보이지 않는 현실에 크게 좌절하고 만다.

미아는 세바스찬의 만류에도 고향으로 돌아가게 되고, 세바스찬은 그런 미아에게 실망하게 된다. 그러던 중 미아를 찾는 전화를 받고 세바스찬은 무작정 미아를 찾아간다. 세바스찬의 등장에 미아는 혼란스러워하며 "재능은 없고 하려는 열정만 가득한 사람들 있잖아. 나도 그런 사람들 중 하나였나 봐."라며 세바스찬을 밀어내고, 세바스찬은 "아니야. 넌 실력이 있어."라며 옛 연인을 진심으로 위로하고 응원한다.

그리고 5년 뒤, 미아는 배우의 꿈을 이루었고 자신을 누구보다 사랑해 주는 남편과 함께 등장한다. 둘은 멋진 레스토랑에서 저녁을 먹기로 했지만 길이 막혀 다른 곳에서 저녁을 해결하고 돌아가던 길에 멋진 선율에 이끌려 한 클럽에 들어가게 된다. 그리고 미아는 이내 그곳이 바로 세바스찬의 재즈 카페임을 확신한다. 미아는 결국 배우가 되었고, 세바스찬은 결국 재즈 클럽 소유주가 되어 꿈을 이루었다.

이들은 서로를 알아보고 옅은 미소를 짓는다. 세바스찬은 미아를 위해 직접 피아노를 연주하고 미아는 아주 잠시나마 세바스찬과 지금도 함께였다면 어땠을지 지난날을 회상하지만 이내 젊은 시절을 함께한 연인이자 동료로서, 눈빛으로 서로에게 위안의 인사를 건네며 헤어진다.

LA 언덕에서 노란 드레스를 입은 미아와 셔츠 차림의 세바스찬이 〈A lovely night(아름다운 밤)〉에 맞춰 함께 추는 탭댄스는 명장면 중 하나이다. 앞이 보이지 않을 정도로 어둡던 공간은 두 사람이 티격태격 춤을 추기 시작하면서 서서히 밝아진다. 일몰로 노을 지던 세상이 발소리와 함께 마치 해가 떠오르는 것처럼 밝아지기 시작한다.

마치 미아와 세바스찬이 도시의 별처럼, 또 태양처럼 반짝이는 것만 같다. 누구나 밝게 빛날 수 있다고, 누구나 자신의 인생의 주인공이 될 수 있다고 알려 주기라도 하는 듯 미아와 세바스찬의 춤은 눈부시기만 하다.

도전 스크린 영어 ✍

Day 1

I know. I know, it was pure insanity.

맞아, 완전히 제정신이 아닌 거지.

Oh, you would have died.

진짜 황당했어.

Oh, you know what?

저기요?

Day 2

I think we're good. Thanks for coming in.

그 정도면 됐어요. 와 줘서 고마워요.

It's gonna be a bunch of social climbers.

출세에 목맨 인간들만 잔뜩 올 거야.

This looks familiar.

이거 낯이 익은데.

Day 3

Please stop sneaking into my home.

제발 집에 몰래 오지 마.

Oh, Sebastian! It's like a girl broke up with you and you're stalking her.

오, 세바스찬! 차인 여자에게 매달리는 꼴이야.

I have someone I want you to meet.

여자 소개해 줄게.

Day 4

I don't wanna meet anyone.

관심 없어.

Get serious!

좀 진지해져 봐!

I had a very serious plan for my future.

난 아주 진지한 목표가 있었어.

Day 5

Everybody knew that guy was shady except for you.

그 인간 수상한 거, 너 빼고 다 알았어.

You're acting like life's got me on the ropes.

내 인생이 위기인 것처럼 말하네.

I'm letting life hit me 'til it gets tired.

인생이 지칠 때까지 맞아 주는 거야.

Day 6

I'm gonna change the locks.

열쇠 바꿀 거야.

There's a nice way to say that,

좋게 말씀하셔도 되는데,

Did you test for achromatopsia?

색맹 검사했어?

Day 7

Lady, why you be trippin' like that?

왜 그렇게 과하세요?

Yeah. They say I have a knack for world-building.

맞아요. 다들 제가 세상을 만들어 가는 재주가 있다고 하더군요.

I thought you looked familiar.

낯이 익더라니.

Day 8

Thank you for saving the day back there.

아까 구해 줘서 고마워요.

Well, you didn't really give me much of a choice.

글쎄요. 선택의 여지를 주지 않았잖아요.

It's pretty strange that we keep running into each other.

이상하게 계속 마주치네요.

Day 9

You don't live as long, but you get where you're going
quicker, so it all evens out.

오래는 못 살아도 갈 곳엔 빨리 간다는 거죠.

Just a suggestion.

아니면 말든가요.

That was the word.

그렇다고요.

Day 10

Not much to look at, huh?

별로 볼 것도 없네, 허?

And we've got no shot.

우리 사이는 가망이 없어요.

I think I'll be the one to make that call.

그걸 결정하는 건 저예요.

Day 11

But you'll call?

결정을 내릴 거예요?

There's some chance for romance.

로맨스를 위한 기회는 있죠.

Good to know, so you agree?

알아서 다행이네요, 당신도 동감이죠?

Day 12

I'd like a refund.

그럼 환불해 줘요.

They just worship everything and they value nothing.

사람들은 뭐든 대단하게 생각하지만 소중한 건 아무것도 없어요.

They shoot movies on my street all the time, so I know about movies.

우리 동네에선 늘 영화를 찍어요. 그래서 영화에 대해 알죠.

Day 13

So across the street from my house there was this little library.

우리 집 앞에 작은 도서관이 있었어요.

It would basically just be she and I re-enacting those scenes from the movies.

이모랑 영화 장면들을 재연하곤 했죠.

My last audition was for a teen show pitched as "Dangerous Minds meets The O.C."

마지막 오디션은 "위험한 아이들이 오렌지카운티의 아이들을 만나다"라는 십 대 쇼였어요.

Day 14

I should've been a lawyer.

변호사가 돼야 했던 건데.

'Cause the world needs more lawyers.

당연히 세상은 더 많은 변호사가 필요하긴 하죠.

That is not what I said.

제가 한 말은 그게 아닌데요.

Day 15

I should probably tell you something now.

이제 말을 해야겠네요.

Just to get it out of the way. I hate jazz.

빨리 말하고 끝내는 게 낫겠어. 난 재즈가 싫어요.

What are you doing right now?

뭐 하고 있는 거죠?

Day 16

They don't have context, they don't know where it comes from.

사람들은 의사소통도 안 됐고, 재즈가 어디서 왔는지도 몰랐어.

It's just because people were crammed in there,

비좁은 그곳에 사람들이 몰렸었기 때문이지.

The only way they could communicate was with jazz

소통할 수 있는 유일한 방법이 재즈였던 거지.

Day 17

It's not relaxing.

재즈는 편한 음악이 아니에요.

It's new every time.

매번 새로워요.

It's brand-new every night. It's very, very exciting.

매일 밤 새로운 공연인 거죠. 매우매우 신나요.

Day 18

And the world says, "Let it die. It had its time."

사람들이 "재즈 시대는 끝났어. 시간이 다 됐어."라고 말하지.

I feel like I said negative stuff about it before.

제가 너무 안 좋게 말했나 보네요.

Two options.

두 가지 선택 사항이 있어.

Day 19

You either follow my rules or follow my rules.

날 따르든지, 아니면 무조건 내 말을 듣든지.

I have an idea.

내게 생각이 있어요.

It's one-way!

일방통행이에요!

Day 20

It feels really nostalgic to me.

내겐 너무 향수에 빠지게 해.

You know, the whole world from your bedroom.

넌 네 방에서 세상을 보잖아.

Why was it so weird between you two?

왜 당신들 둘 사이가 좀 이상한 건데?

Day 21

Wasn't sure I'd see you today.

널 오늘 볼 수 있을지 몰랐어.

Here's the deal. Okay.

자, 이렇게 하자고.

We got distribution with Universal.

배급은 유니버설이 하는 거야.

Day 22

We've got our own imprint.

상표는 우리가 갖는 거야.

195

Where are the kids?

젊은 애들은 어디에 있는데?

How are you gonna be a revolutionary if you're such a traditionalist?

그렇게 전통주의자면서 어떻게 혁명가가 되겠어?

Day 23

You're holdin' onto the past, but jazz is about the future.

너는 과거에 묶여 있지만, 미래를 위한 재즈가 되어야 해.

But I wanna do it with you.

하지만, 난 너와 함께하고 싶어.

I haven't heard from you in a little while and I miss you.

한동안 목소릴 못 들어서 보고 싶어.

Day 24

I'm nervous to get up on a stage and perform for people···.

사람들 앞에서 무대에 오르는 것이 겁나요.

We're just gonna have to try and see each other.

서로 노력해서 만나야지.

It's like the long haul?

장기적인 거라는 얘기네.

Day 25

I don't… I hadn't really thought it through.

생각 깊이 해 보지 않았어.

I just didn't think that you did.

난 단지 네가 그렇게 해낼 줄 몰랐어.

Of course I wanted you to have a steady job,

당연히 난 네가 고정적인 직업을 갖기를 원했지.

Day 26

I'm doing that, so I don't understand.

그렇게 하고 있어, 진짜 이해가 안 되네.

I do like jazz now because of you!

너 때문에 재즈가 좋아졌다고!

You remind people of what they forgot.

넌 사람들이 잊고 있는 것을 다시 떠올리게 해.

Day 27

Okay, fellas. I'll see ya tomorrow.

좋아, 친구. 내일 봐.

Like you're concentrating on it.

음악에 집중을 하는 것처럼요.

Let me make it up to you, okay?

만회할 기회를 줘, 응?

Day 28

I'm done embarrassing myself.

나 자신이 창피했어.

Wrong number.

잘못 걸었어요.

That will kill me.

견딜 수 없을 거야.

Day 29

It's like a pipe dream for me.

내겐 허황된 꿈이야.

And then, you said it,

그때, 네가 그렇게 말했잖아.

You change your dreams, and then you grow up.

꿈을 바꾸면서 철들어 간다고.

Day 30

You're a baby.

넌 애야.

You're crying like a baby.

넌 애처럼 징징대잖아.

How'd you find me here?

나 여기 있는 거 어떻게 찾았어?

Day 31

When you get this, you gotta give it everything you got.

기회를 잡으면, 네가 할 수 있는 모든 걸 쏟아부어야 해.

I'm always gonna love you.

난 늘 널 사랑할 거야.

Took him long enough.

마련하는 데 오래 걸렸네.

#궁금해요!

I think we're good. Thanks for coming in.

그 정도면 됐어요. 와 줘서 고마워요.

thank for + 명사인데, doing은 왜 나오나요?

for + 명사가 오는 것이 맞아요.

행동에 감사하다고 할 때 전치사 뒤 동사는 오지 못하므로 for + doing

을 써서 만들어 준 것이에요. 동명사가 명사 역할을 하는 거죠.

Please stop sneaking into my home.

제발 집에 몰래 오지 마.

stop 뒤에 doing, to do 너무 헷갈려요.

stop 뒤에는 doing도 올 수 있고, to do도 올 수 있어요. 하지만 뜻이

달라요.

doing(동명사)은 '~하는 것'을 나타내요. stop + doing은 하던 것을 그

만두는 것이고, stop + to do는 '~을 하기 위해서'(부사 적용법: 목적이

있어서) 멈추는 것이 되는 거예요.

stop + doing ～ 하는 것을 멈추다

stop은 doing(동명사)을 목적어로 취하는 동사예요.

I'm letting life hit me 'til it gets tired.

인생이 지칠 때까지 맞아 주는 거야.

am letting도 동사인데 hit이 동사로 또 나와도 되나요?

let 동사는 사역동사(시키는 동사)로 let + 목적어(사람, 사물 둘 다 쓰임) +

do 이렇게 쓰이며 사람, 사물이 do 하게 시켜요.

여기서 do는 동사의 원형을 써요. 즉, 문장에서 동사는 am letting이고

뒤에 나오는 hit은 let + 목적어(사람이나 사물) + do(목적 보어) 문형의

목적 보어로 쓰인 거예요.

It's not relaxing.

재즈는 편한 음악이 아니에요.

여기에서 동사는 is relaxing으로 ～하는 중 아닌가요?

위 문장에서 is만이 동사예요. relaxing은 형용사예요. 영화에서 it은

Jazz를 나타내고 It(=Jazz)은 사물이므로 재즈가 동작으로 relaxing 하

는 중인 것이 아니라 상태를 나타내는 것이죠.

사전에서 relaxing과 relaxed 둘 다 형용사로 존재하는데 이런 경우

−ed 붙은 형용사는 사람에게 쓰이고, −ing 붙은 형용사는 사물에게 쓰

201

여요.

It feels really nostalgic to me.
내겐 너무 향수에 빠지게 해.

it이 주어고 feel이 동사니까 really 부사가 나온 건가요?
동사 뒤에는 부사를 쓰는 것이 맞아요.
하지만 feel은 뒤에 형용사를 쓰는 감각 동사예요.
여기서 really는 부사로 feel 때문에 나온 것이 아니라 nostalgic 형용
사를 강조하는 부사인 것으로 동사 feel과는 관련이 없어요.
참고로 감각 동사에는 look, sound, smell, taste, feel이 있어요.

#간단한 구문 설명

You either follow my rules or follow my rules.
날 따르든지, 아니면 무조건 내 말을 듣든지.

either A or B는 A 또는 B라는 뜻으로 반드시 either는 or를 같이 써
야 해요. A와 B에 오는 단어는 같은 품사여야 해요. 즉, either 동사 or
동사, either 명사 or 명사 이렇게 쓰시면 돼요.

Why was it so weird between you two?

왜 당신들 둘 사이가 좀 이상한 건데?

between you two에서 between은 둘 사이에서만 쓰일 수 있는 전치사예요. 셋 이상일 때는 among을 써요.

We're just gonna have to try and see each other.

서로 노력해서 만나야지.

have to do and do로서 and를 사이에 두고 to do(to 부정사)를 쓴 형태인데 이마저도 to를 생략하고 do만 써서 최대한 간결하게 표현한 거예요.

실전 말해 보기 ✒

Day 1

맞아, 완전히 제정신이 아닌 거지.

진짜 황당했어.

저기요?

Day 2

그 정도면 됐어요. 와 줘서 고마워요.

출세에 목맨 인간들만 잔뜩 올 거야.

이거 낯이 익은데.

Day 3

제발 집에 몰래 오지 마.

오, 세바스찬! 차인 여자에게 매달리는 꼴이야.

여자 소개해 줄게.

Day 4

관심 없어.

좀 진지해져 봐!

난 아주 진지한 목표가 있었어.

Day 5

그 인간 수상한 거, 너 빼고 다 알았어.

내 인생이 위기인 것처럼 말하네.

인생이 지칠 때까지 맞아 주는 거야.

Day 6

열쇠 바꿀 거야.

좋게 말씀하셔도 되는데,

색맹 검사했어?

Day 7

왜 그렇게 과하세요?

맞아요. 다들 제가 세상을 만들어 가는 재주가 있다고 하더 군요.

낯이 익더라니.

Day 8

아까 구해 줘서 고마워요.

글쎄요. 선택의 여지를 주지 않았잖아요.

이상하게 계속 마주치네요.

Day 9

오래는 못 살아도 갈 곳엔 빨리 간다는 거죠.

아님 말든가요.

그렇다고요.

Day 10

별로 볼 것도 없네, 허?

우리 사이는 가망이 없어요.

그걸 결정하는 건 저예요.

Day 11

결정을 내릴 거예요?

로맨스를 위한 기회는 있죠.

알아서 다행이네요, 당신도 동감이죠?

Day 12

그럼 환불해 줘요.

사람들은 뭐든 대단하게 생각 하지만 소중한 건 아무것도 없어요.

우리 동네에선 늘 영화를 찍어요. 그래서 영화에 대해 알죠.

Day 13

우리 집 앞에 작은 도서관이 있었어요.

이모랑 영화 장면들을 재연하곤 했죠.

마지막 오디션은 "위험한 아이들이 오렌지카운티의 아이들을 만나다"라는 십 대 쇼였어요.

Day 14

변호사가 돼야 했던 건데.

당연히 세상은 더 많은 변호사가 필요하긴 하죠.

제가 한 말은 그게 아닌데요.

Day 15

이제 말을 해야겠네요.

빨리 말하고 끝내는 게 낫겠어. 난 재즈가 싫어요.

뭐 하고 있는 거죠?

Day 16

사람들은 의사소통도 안 됐고, 재즈가 어디서 왔는지도 몰랐어.

비좁은 그곳에 사람들이 몰렸었기 때문이지.

소통할 수 있는 유일한 방법이 재즈였던 거지.

Day 17

재즈는 편한 음악이 아녜요.

매번 새로워요.

매일 밤 새로운 공연인 거죠. 매우매우 신나요.

Day 18

사람들이 "재즈 시대는 끝났어. 시간이 다 됐어."라고 말하지.

제가 너무 안 좋게 말했나 보네요.

두 가지 선택사항이 있어.

Day 19

날 따르든지, 아니면 무조건 내 말을 듣든지.

내게 생각이 있어요.

일방통행이에요!

Day 20

내겐 너무 향수에 빠지게 해.

넌 네 방에서 세상을 보잖아.

왜 당신들 둘 사이가 좀 이상한 건데?

Day 21

널 오늘 볼 수 있을지 몰랐어.

자, 이렇게 하자고.

배급은 유니버설이 하는 거야.

Day 22

상표는 우리가 갖는 거야.

젊은 애들은 어디에 있는데?

그렇게 전통주의자면서 어떻게 혁명가가 되겠어?

Day 23

너는 과거에 묶여 있지만, 미래를 위한 재즈가 되어야 해.

하지만, 난 너와 함께하고 싶어.

한동안 목소릴 못 들어서 보고 싶어.

Day 24

사람들 앞에서 무대에 오르는 것이 겁나요.

서로 노력해서 만나야지.

장기적인 거라는 얘기네.

Day 25

생각 깊이 해 보지 않았어.

난 단지 네가 그렇게 해낼 줄 몰랐어.

당연히 난 네가 고정적인 직업을 갖기를 원했지.

Day 26

그렇게 하고 있어, 진짜 이해가 안 되네.

너 때문에 재즈가 좋아졌다고!

넌 사람들이 잊고 있는 것을 다시 떠올리게 해.

Day 27

좋아, 친구. 내일 봐.

음악에 집중을 하고 있는 것처럼요.

만회할 기회를 줘, 응?

Day 28

나 자신이 창피했어.

잘못 걸었어요.

견딜 수 없을 거야.

Day 29

내겐 허황된 꿈이야.

그때, 네가 그렇게 말했잖아.

꿈을 바꾸면서 철들어 간다고.

Day 30

넌 애야.

넌 애처럼 징징대잖아.

나 여기 있는 거 어떻게 찾았어?

Day 31

기회를 잡으면, 네가 할 수 있는 모든 걸 쏟아부어야 해.

난 늘 널 사랑할 거야.

마련하는 데 오래 걸렸네.

Dance

◆

Movies

◆

A
famous line

8. 새처럼 비상하는 소년
빌리 엘리어트

"춤추기 시작하면 모든 것을 잊어버려요. 마치 불이 붙어서 날아가는 것 같아요. 새처럼."

영화 〈빌리 엘리어트(Billy Elliot)〉(2000)의 주인공인 빌리가 오디션을 마치고 퇴장하기 직전, 춤을 출 때 어떤 기분이 드느냐는 심사관의 질문에 고심하다 꺼낸 대답이다. 말로 표현하기 어렵지만 빌리는 춤을 출 때 느꼈던 감정을 확신에 찬 어조로 풀어놓는다. 꿈을 꾸는 것처럼 황홀한 표정 때문에 관객 역시 빌리가 무엇을 말하고자 하는지 느낄 수 있다.

발레리노의 꿈을 품은 소년이 꿈을 향해 가는 과정을 담은 이 영화는, 영국의 마가릿 대처의 재임 시절인 1984년, 광부노조파업이 절정에 이른 영국 북부의 한 탄광촌을 배경으로 한다. 2년 전 어머니를 여읜 열한 살의 빌리(제이미 벨 분)는 광부인 아버지와 형, 치매를 앓고 있는 할머니와 살고 있다. 빌리는 방과 후에 할머니를 돌보기도 하고 아버지의 권유로 체육관에서 권투를 배우기도 한다. 빌리 역시 자연스레 광부가 될 거라는 아버지의 판단 때문이었다.

여느 때처럼 체육관으로 향한 빌리는 우연히 발레 수업을 보게 된다. 생경한 움직임에 대한 호기심인지 무엇인지 모를 것이 빌리의 가슴을 두드렸고, 빌리는 홀린 듯 발레 수업에 끼어들게 된다. 복싱 글러브에 복싱화를 신고 소녀들 사이에서 고군분투하던 빌리에게 윌킨스 부인(줄리 월터스 분)은 발레슈즈 하나를 무심히 던져 준다. 그렇게 빌리에게 발레를 알려 주던 윌킨스 부인은 소년의 재능을 알아보게 되고, 빌리에게 로열발레학교 오디션을 알려 주며 무료 레슨을 제안한다. 빌리는 광부가 되어야 하는 운명에 끼어든 발레를 고민하다 결국 그 제안을 받아들이게 된다.

그사이 노조원이었던 빌리의 아버지와 형은 광부노조파업으로 경찰과 대치하는 힘겨운 나날을 보낸다. 채산성이 떨어진 탄광을 폐쇄한다는 정부의 방침에 그들은 온 힘을 다해 저항한다. 그러던 중 빌리의 아버지는 빌리가 발레 수업을 듣고 있다는 사실을 알게 되고, 빌리에게 크게 실망하여 복싱이 싫다면 차라리 축구나 레슬링을 하라며 언성을 높인다. 하루하루 먹고살기 위한 삶에 지친 빌리의 아버지는 빌리를 강하게 타일렀고, 자신의 이야기를 들어 보지도 않고 막아서는 아버지에게 빌리 역시 크게 실망하며 갈등을 빚게 된다.

하지만 윌킨스 부인은 빌리를 포기하지 않고 끊임없이 그의 천부적인 재능에 대해 일깨워 주었고, 빌리는 그런 윌킨스 부인을 믿고 따르면서도 때론 좌절하고 때론 울부짖는다. 꿈과 현실 사이에 놓인 위태로운 마음은 소년이 감당하기에는 너무나 컸지만, 결국 빌리는 이겨 내고야 만다.

어느 날 체육관에 아버지를 초대한 빌리는 그간 말하지 못했던 이야기를 온 힘을 다해 몸으로 표현한다. 그 모습에 빌리의 아버지는 크게 당황하며 체육관을 도망가듯 벗어난다. 윌킨스 부인의 끈질긴 설득에도 눈조차 깜빡이지 않던 빌리의 아버지는 아들이 보여 준 맹목적이면서도 순수한 열정에 비로소 눈을 뜨게 된다. 빌리는 아버지와 함께 로열발레학교 오디션을 보기 위해 런던으로 떠나게 된다.

빌리의 오디션이 끝난 뒤 아들을 백 퍼센트 지원할 수 있겠냐는 심사관의 질문에, 빌리의 아버지는 망설임 없이 할 수 있다고 우직하게 대답한다. 그리고 고향으로 돌아와 빌리의 학비를 마련하기 위해 아내의 얼마 남지 않은 유품을 정리한다. 긴 기다림의 시간이 흐른 뒤 빌리는 마침내 합격 통보서를 받게 되고, 행복하지만 두렵다고 말하는 빌리에게 우리 모두 두렵다고 말하며 빌리의 아버지는 자신의 방식대로 빌리를 다독인다.

그로부터 14년 뒤, 빌리의 아버지는 빌리의 발레 공연을 보기 위해 다시 런던으로 향한다. 〈Swan Lake(백조의 호수)〉의 오케스트라 연주가 시작되고 무대로 힘차게 뛰어나온 빌리는 그가 말했던 것처럼, 마치 한 마리 새처럼 두 다리와 두 팔을 활짝 펼쳐 보란 듯이 비상한다. 그 누구의 삶도 아닌 비로소 자신의 삶을 살게 된 아들을 바라보는 아버지의 눈빛이 긴 여운을 남긴다.

도전 스크린 영어 🎵

Day 1

Don't kid yourself.

농담하지 마.

See you down the picket line, Dad.

이따 시위할 때 뵈어요, 아빠.

Am I fuck. It's a right load of old bollocks.

난 망했어. 완전 헛것이 된 거라고.

Day 2

Now, because they're using downstairs as a soup kitchen
for the striking miners,

지금, 파업한 광부들이 부엌으로 아래층을 쓰고 있어서,

I'm going to let Mrs Wilkinson use the bottom end of the
boxing hall for her ballet lessons.

윌킨슨 부인에게 발레 수업을 위해 권투장 옆을 쓴다고 말하려
고요.

So no hanky-panky. Understood?

그러니 적절치 않은 남녀 행위는 안 돼. 알았지?

Day 3

Get changed and get in here.

옷 갈아입고 어서 올라와.

This is man-to-man combat not a bloody tea dance

이건 무용이 아니라 남자 대 남자 대결이야.

You owe us 50 pence.

50펜스 빚졌어.

Day 4

Where are you looking, Susan?

어딜 보는 거야, 수잔?

In time, Debbie, please.

제때 들어가야 해, 데비.

Where's your confidence? Come on.

자신감은 어디 갔어? 자.

Day 5

Fat chance. Ready, and…

가능성이 희박하군….

What size are you?

사이즈가 어떻게 돼?

Nice, straight leg.

좋아, 다리를 뻗어.

Day 6

But you're crap at boxing.

하지만 권투는 소질 없잖아.

Tony, do you ever think about death?

토니, 죽음에 대해 생각해 봤어?

Maybe not in a race, but in stamina.

경기는 아닐지 몰라도, 체력은 좋아.

Day 7

Why don't you come tomorrow?

내일 오는 건 어때?

You can just watch.

와서 보기만 하면 돼.

See? I told you it takes loads of practice.

봤어? 내가 많은 연습을 해야 한다고 말했잖아.

Day 8

What do you call me?

날 뭐라고 부르라고 했지?

Why do you think? To get better, you divvy.

왜 그렇게 생각해? 더 나아지려고 그렇지, 데비.

I think you'd look wicked.

너 좀 사악해 보인다.

Day 9

Look forward, beyond your fingertips.

앞을 봐요, 손끝을요.

Then whip your head round, and come back to that spot.

Prepare.

머리를 돌려 회전하고, 다시 제자리로 돌아와요. 준비.

Step open. Open your arms. Do it.

발을 떼고. 팔을 벌려요. 해 봐요.

Day 10

I don't do it for the money.

돈 때문에 하는 것은 아니야.

You're not concentrating.

집중을 안 하고 있잖아.

Listen, have you noticed anything weird about our Billy
lately?

들어 봐, 최근 빌리에 대해 다른 것 뭐 들은 것 없어?

Day 11

What are you after, like, a list?

목록이라도 뽑아 드려요?

Scabs eat well.

배신자들이 잘도 먹는군.

All right, which way are we facing? Come on.

좋아, 어느 길로 가고 있었지? 자.

Day 12

Who do you think I am?

내가 어떤 사람이라고 생각해?

What are you trying to say, Dad?

무슨 말을 하고 싶으신 거죠, 아빠?

You're asking for a hiding, Son.

네가 매를 버는구나, 아들.

Day 13

You should stand up to him.

그에게 맞서야죠.

Must be hard for the family, being out on strike.

파업하면 가족들이 매우 힘들겠어요.

Let's face it. They haven't got a leg to stand on.

현실을 직시해야지. 다리로 서 있을 수도 없어.

Day 14

Well, you wanna think about that, don't you, son?

그렇게 생각하지. 그렇지 않아, 아들아?

He's always pissed. Once he pissed himself.

그는 항상 짜증을 내. 한번은 자신에게 화를 내더라고.

Your family's weird.

너희 가족 이상하다.

Day 15

Miss, what have I blown?

내가 뭘 망쳤죠?

It's how you move and how you express yourself that's important.

어떻게 움직이고 너 자신을 어떻게 표현해야 하는지가 중요한 거예요.

It would mean an awful lot of hard work.

엄청 많은 것을 해야 한다는 뜻이야.

Day 16

I'm not doing it for the money, Billy.

난 돈을 위해서 하는 것은 아니야, 빌리.

Miss, you don't fancy me, do you?

선생님, 제게 반하신 건 아니죠, 맞죠?

You coming in or what?

들어올 거야 아니면 어쩔 거야?

Day 17

Have you got a tutu yet?

발레복은 아직 안 입어?

What do you reckon?

무슨 생각해?

I think you shouldn't bother.

방해해선 안 돼.

Day 18

To give us some ideas for a dance.

춤에 대한 도움을 주려고.

I know must seem like a distant memory to you,

너에게 먼 기억같이 되었구나.

It will have been a long time.

오랜 시간이 지날 거야.

Day 19

With you through everything.

일상에서 너와 함께 있어.

Always be yourself.

늘 자신에게 충실해.

She must've been a very special woman, your mother.

너의 엄마는 정말 특별했던 여자였어.

Day 20

Grandma, tea time.

할머니, 차 드실 시간이에요.

You haven't got it in you. You're finished!

아직 이해를 못 하셨군요. 이제 끝났어요!

That's because you're not concentrating.

네가 집중을 안 하고 있으니 그렇지.

Day 21

You only want me to do it for your own benefit!

제가 선생님에게 득이 되니까 하라는 거잖아요.

Don't pick on me 'cause you fucked up yourown life!

인생 망친 것을 제 탓으로 돌리지 않아요!

Can I put a tape on, Miss?

음악 틀어도 돼요, 선생님?

Day 22

So, is there a story, then, Miss?

줄거리가 있나요, 선생님?

He promises to marry her and then goes off with someone else, of course.

그녀에게 결혼을 약속하고, 다른 사람과 결혼하지, 물론.

It's only a ghost story.

단지 꾸며낸 이야기일 뿐이야.

Day 23

What have I told you about drinking out of the bottle?

병에 입 대고 마시지 말라고 했지?

When's the audition, then?

오디션이 언제야?

Billy, do you not fancy us, like?

빌리, 우리가 맘에 안 드는 거지, 맞아?

Day 24

I know this might be difficult for you.

네겐 힘들 거야.

You've gotta start training from when you're young.

어릴 때부터 연습해야만 해.

I'm not having any brother of mine running around like a right twat for your gratification.

내 동생이 당신의 만족감을 위해서 달려가는 멍청한 놈은 아니에요.

Day 25

Excuse me. This is not for my gratification.

미안하지만. 내 만족을 위한 게 아니야.

And what good's it gonna do him? You're not taking him away.

동생에게 무슨 도움이 되나요? 그를 데려갈 수 없어요.

What qualifications have you got?

어떤 자격을 가지고 있죠?

Day 26

You know nothing about me, you sanctimonious little shit!

나에 대해 아무것도 모르잖아, 이 잘난 척하는 놈아!

You get used to it.

곧 익숙해질 거야.

Well, maybe it's all for the best.

아마 그게 최선일 거야.

Day 27

You won't tell anyone, will you?

아무에게도 말 안 할 거지, 그럴 거지?

George. George. There's somebody in the club.

조지, 조지. 클럽 안에 누가 있어.

Shoulders down, long neck.

어깨를 내리고, 목을 길게 만드세요.

Day 28

But there's a good chance the council's… Two grand?

어쩌면 좋은 기회가… 2천 파운드?

Look, it's just a matter of the trip to London.

런던으로 가는 데 문제가 있는지요.

I'll give you the money for the fare.

제가 비용을 내드릴게요.

Day 29

Forget about it. You're dreaming. Look at yours.

잊어버려요. 꿈일 뿐이라고. 자신을 보세요.

Sheila's not got that kind of money.

실라는 그럴 돈이 없어요.

George, you know there's nothing left. Stop putting ideas in his head, man!

조지, 알다시피 아무것도 남지 않았단다. 쓸데없는 생각은 그만 해, 좀!

Day 30

Christ. Is that all you think about?

제발. 그 생각만 하는 거야?

Get back in there! Don't be so stupid!

다시 들어가! 바보같이 굴지 마!

Well, was there any particular aspect of the ballet which caught your imagination?

자, 발레의 어떤 면이 너의 마음을 사로잡았니?

Day 31

What does it feel like when you're dancing?

춤을 출 때 어떤 느낌이지?

It's sort of stiff and that, but once I get going, and then I forget everything. And, sort of disappear.

다소 어색하지만, 한번 추기 시작하면, 모든 것을 잊어버려요. 그리고 사라지죠.

Like I feel a change in my whole body. Like there's fire in me body. I'm just there, flying. Like a bird. Like electricity.

몸 전체가 변하는 것처럼 느껴져요. 불이 붙은 것처럼. 그다음 날아오르고 새가 되고, 전율이 느껴져요.

※

Have you heard anything yet?

소식 들은 것 없니?

Not yet.

아직요.

This is when you go out and find life and all those other things.

이제 밖으로 나가서 인생을 찾고, 다른 것들을 찾을 때야.

Will you stop being an old fucking woman?

아줌마처럼 잔소리 좀 그만하세요.

I wouldn't have missed it for the world.

무슨 일이 있어도 놓칠 수는 없죠.

#궁금해요!

Don't kid yourself.
농담하지 마.

kid는 아이라는 뜻이 아닌가요?

Don't + 동사원형은 명령문의 부정문을 쓸 때 사용해요. 여기서 kid는 동사 자리로 어린아이라는 뜻이 아니라 '농담하다'라는 동사의 뜻으로 쓰였어요. 단어는 자리에 따라서 품사가 바뀌고 뜻이 바뀔 수 있어요.

See? I told you it takes loads of practice.
봤어? 내가 많은 연습을 해야 한다고 말했잖아.

동사가 한 문장에서 told 과거도 나오고, takes 현재로 나올 수 있나요?

I told you + that + 주어 + 동사로 tell은 '사람에게 that 절을 말한다'라고 해석하면 돼요.
I told you라는 주절의 시제는 과거이나 그 뒤 종속절 It takes loads of practice는 사실을 말하고 있는 것이기 때문에 현재 시제로 쓸 수

229

있어요.

Listen, have you noticed anything weird about our Billy lately?
들어 봐, 최근 빌리에 대해 다른 것 뭐 들은 것 없어?

lately가 나온 것은 문장을 꾸며 주는 부사 때문에 late가 안 나오고 lately가 나온 건가요?
일반 동사 뒤에 부사가 오는 것은 맞습니다. 그러나 부사와 형용사의 형태가 같은 것들이 있어요. late 같은 경우지요. late는 '늦은, 늦게'라는 뜻으로 쓰이며 형용사, 부사의 형태가 같아요. lately는 '최근에'라는 뜻이 있는 전혀 다른 단어예요.

#간단한 구문 설명

But you're crap at boxing.
하지만 권투는 소질 없잖아.

be good at + 명사, 동명사는 '~을 잘한다'라고 알고 계실 거예요. 이 구문에서 good 대신에 crap(형편없는)이 들어가서 '~에는 형편이 없다'라고 쓰인 문장이에요. be good at만 익숙해서 쉬운 구문인데도 낯설게 느껴지실 수 있어요.

Why don't you come tomorrow?

내일 오는 건 어때?

why don't you + 동사는 '~를 왜 안 하니?'가 아니라 '~하는 게 어때?'라는 뜻으로 상대방에서 권유하거나 조언을 할 때 쓰는 표현입니다.

What do you call me?

날 뭐라고 부르라고 했지?

What을 사용하여, 의문사가 있는 의문문을 만들었는데, 이런 경우는 의문사가 가장 먼저 나와야 합니다.

You only want me to do it for your own benefit!

제가 선생님에게 득이 되니까 하라는 거잖아요.

You only want + 목적어 + to do로서, 주로 to do(to 부정사)는 행위를 하는 주체를 나타낼 때 for + 목적어를 써서 나타내지만 want + 목적어 + to do 문형이 있으므로 전치사 for를 사용하지 않아요.

실전 말해 보기 ✑

Day 1

농담하지 마.

이따 시위할 때 뵈어요, 아빠.

난 망했어. 완전 헛것이 된 거라고.

Day 2

지금, 파업한 광부들이 부엌으로 아래층을 쓰고 있어서,

윌킨슨 부인에게 발레 수업을 위해 권투장 옆을 쓴다고 말하려고요.

그러니 적절치 않은 남녀 행위는 안 돼. 알았지?

Day 3

옷 갈아입고 어서 올라와.

이건 무용이 아니라 남자 대 남자 대결이야.

50펜스 빚졌어.

Day 4

어딜 보는 거야, 수잔?

제때 들어가야 해, 데비.

자신감은 어디 갔어? 자.

Day 5

가능성이 희박하군….

사이즈가 어떻게 돼?

좋아, 다리를 뻗어.

Day 6

하지만 권투는 소질 없잖아.

토니, 죽음에 대해 생각해 봤어?

경기는 아닐지 몰라도, 체력은 좋아.

Day 7

내일 오는 건 어때?

와서 보기만 하면 돼.

봤어? 내가 많은 연습을 해야 한다고 말했잖아.

Day 8

날 뭐라고 부르라고 했지?

왜 그렇게 생각해? 더 나아지려고 그렇지, 데비.

너 좀 사악해 보인다.

Day 9

앞을 봐요, 손끝을요.

머리를 돌려 회전하고, 다시 제자리로 돌아와요. 준비.

발을 떼고. 팔을 벌려요. 해 봐요.

Day 10

돈 때문에 하는 것은 아니야

집중을 안 하고 있잖아.

들어 봐, 최근 빌리에 대해 다른 것 뭐 들은 것 없어?

Day 11

목록이라도 뽑아 드려요?

배신자들이 잘도 먹는군.

좋아, 어느 길로 가고 있었지? 자.

Day 12

내가 어떤 사람이라고 생각해?

무슨 말을 하고 싶으신 거죠, 아빠?

네가 매를 버는구나, 아들.

Day 13

그에게 맞서야죠.

파업하면 가족들이 매우 힘들겠어요.

현실을 직시해야지. 다리로 서 있을 수도 없어.

Day 14

그렇게 생각하지. 그렇지 않아, 아들아?

그는 항상 짜증을 내. 한번은 스스로에게 화를 내더라고.

너희 가족 이상하다.

Day 15

내가 뭘 망쳤죠?

어떻게 움직이고 너 자신을 어떻게 표현해야 하는지가 중요한

거예요.

엄청 많은 것을 해야 한다는 뜻이야.

Day 16

난 돈을 위해서 하는 것은 아니야, 빌리.

선생님, 제게 반하신 건 아니죠, 맞죠?

들어올 거야 아니면 어쩔 거야?

Day 17

발레복은 아직 안 입어?

무슨 생각해?

방해해신 안 돼.

Day 18

춤에 대한 도움을 주려고.

너에게 먼 기억같이 되었구나.

오랜 시간이 지날 거야.

Day 19

일상에서 너와 함께 있어.

늘 자신에게 충실해.

너의 엄마는 정말 특별했던 여자였어.

Day 20

할머니, 차 드실 시간이에요.

아직 이해를 못 하셨군요. 이제 끝났어요!

네가 집중을 안 하고 있으니 그렇지.

Day 21

제가 선생님에게 득이 되니까 하라는 거잖아요.

인생 망친 것을 제 탓으로 돌리지 않아요!

음악 틀어도 돼요, 선생님?

Day 22

줄거리가 있나요, 선생님?

그녀에게 결혼을 약속하고, 다른 사람과 결혼하지, 물론.

단지 꾸며낸 이야기일 뿐이야.

Day 23

병에 입 대고 마시지 말라고 했지?

오디션이 언제야?

빌리, 우리가 맘에 안 드는 거지, 맞아?

Day 24

네겐 힘들 거야.

어릴 때부터 연습해야만 해.

내 동생이 당신의 만족감을 위해서 달려가는 멍청한 놈은 아니
에요.

Day 25

미안하지만. 내 만족을 위한 게 아니야.

동생에게 무슨 도움이 되나요? 그를 데려갈 수 없어요.

어떤 자격을 가지고 있죠?

Day 26

나에 대해 아무것도 모르잖아, 이 잘난 척하는 놈아!

곧 익숙해질 거야.

아마 그게 최선일 거야.

Day 27

아무에게도 말 안 할 거지, 그럴 거지?

조지, 조지. 클럽 안에 누가 있어.

어깨를 내리고, 목을 길게 만드세요.

Day 28

어쩌면 좋은 기회가… 2천 파운드?

런던으로 가는 데 문제가 있는지요.

제가 비용을 내드릴게요.

Day 29

잊어버려요. 꿈일 뿐이라고. 자신을 보세요.

실라는 그럴 돈이 없어요.

조지, 알다시피 아무것도 남지 않았단다. 쓸데없는 생각은 그만
해, 좀!

Day 30

제발. 그 생각만 하는 거야?

다시 들어가! 바보같이 굴지 마!

자, 발레의 어떤 면이 너의 마음을 사로잡았니?

Day 31

춤을 출 때 어떤 느낌이지?

다소 어색하지만, 한번 추기 시작하면, 모든 것을 잊어버려요.
그리고 사라지죠.
몸 전체가 변하는 것처럼 느껴져요. 불이 붙은 것처럼. 그다음
날아오르고 새가 되고, 전율이 느껴져요.

※

소식 들은 것 없니?
아직요.
이제 밖으로 나가서 인생을 찾고, 다른 것들을 찾을 때야.
아줌마처럼 잔소리 좀 그만하세요.
무슨 일이 있어도 놓칠 수는 없죠.

9. 춤에 깃든 사랑과 사회
더티 댄싱

춤과 음악으로 전 세계를 매혹시킨 영화 〈더티 댄싱(Dirty Dancing)〉 (1987)은 제45회 골든 글로브 주제가상, 제60회 미국 아카데미 주제 가상을 수상한 〈The time of my life(내 생애 최고의 순간, Bill Medley & Jennifer Warnes)〉라는 OST로도 국내외 팬들에게 잘 알려져 있다.

1963년을 배경으로 한 이 영화는 전형적인 미국 상류층 가정에서 자란 여대생 프란시스 베이비(제니퍼 그레이 분)가 비로소 세상에 눈을 뜨는 과정을 담고 있다. 17세의 프란시스는 의사인 아버지에게 사랑 과 신뢰를 듬뿍 받으며 애칭 '베이비'로 불린다. 가족들과 함께 켈러만 리조트로 2주간 여행을 온 베이비는 홀로 산책 중에 직원 숙소에 우 연히 발을 들이게 된다.

그곳에서는 기괴한 댄스파티가 열리고 있었고 베이비는 농밀한 수 위의 춤, 더티 댄싱을 보게 된다. 베이비는 댄스 강사 자니와 춤을 추 게 되며 지금까지 알지 못했던 새로운 삶을 경험하게 된다. 자니의 파 트너인 페니(신시아 로즈 분)도 알게 되고 페니가 아르바이트생인 로비 와 관계를 맺어 임신한 사실도 알게 된다. 수술비가 필요한 페니를 대 신해 베이비는 아버지에게 250달러를 빌려 거절하는 페니에게 빌려 주기도 한다.

수술을 받으러 간 페니 대신 베이비가 자니(패트릭 스웨이지 분)의 파 트너로 춤 연습을 하게 되고, 페니만큼은 춤 실력이 능숙하지 못한 베 이비에게 자니는 "스텝이 중요한 게 아니라 감정을 느껴야 해."라고 조언한다. 이렇게 페니의 빈자리를 채우며 베이비는 자니와 조금씩 가까워지게 되고, 둘은 자연스럽게 사랑의 감정을 갖게 된다.

간신히 무대를 마치고 돌아온 베이비는 수술을 받은 페니가 사경을 헤매자 의사인 아버지에게 도움을 요청하게 된다. 베이비의 아버지는 페니를 임신시킨 사람이 자니라고 오해하게 되고, 베이비가 자니와 어울리지 못하게 감시한다. 베이비는 자초지종을 묻지도 않고 부와 명예에 따라 사람을 나누는 아버지의 모습을 보고 실망하게 되고, 자니는 오해를 받고 리조트에서 해고되어 떠나게 된다.

자니와의 짧지만 강렬한 시간을 보낸 베이비는 자니가 떠난 리조트에서, 여행 마지막 날 쓸쓸하게 공연을 감상한다. 그렇게 무의미한 시간을 보내고 있던 베이비에게 떠났던 자니가 찾아오게 되고, 자니는 자신을 끝까지 존중해 주었던 베이비에게 함께 춤을 추자고 손을 내민다. 이때 흘러나오는 노래가 바로 〈내 생애 최고의 순간〉이다.

베이비는 자니와 함께 그동안 금기시되어 왔던 더티 댄싱을 비로소 추게 되고, 마침내 부드럽게 날아올라 그토록 원했던 리프트를 성공하게 된다. 둘을 지켜보던 사람들이 너 나 할 것 없이 나와 춤을 추었고, 모두가 춤 자체에 흠뻑 빠져들게 된다. 그리고 페니를 임신시킨 장본인이 자니가 아니었음을 알게 된 베이비의 아버지는 자니에게 자신의 실수를 진심으로 사과한다.

영화 〈더티 댄싱〉은 기성세대가 고수해 온 우아함과 격식을 벗어던지고 자유로움과 변화의 상징으로 더티 댄싱을 활용했다. 누군가의 눈에는 기괴하고 우스꽝스럽고 음란해 보이지만 다른 시각으로 봤을 땐 자유 그 자체로 보이기 때문이다. 춤은 부유한 사람도 가난한 사람도 그 어떤 누구라도 제약 없이 즐기고 어울릴 수 있기에 더 특별

하다. 춤이 가진 진정한 의미를 들여다볼 수 있는 영화 〈더티 댄싱〉의
소개를 마친다.

도전 스크린 영어 ✐

Day 1

I thought I'd never find a guy as great as my dad.

아빠만큼 좋은 남자는 찾을 수 없을 거라고 생각했었다.

Mom I should've brought the coral shoes.

엄마, 산호색 신발을 가져올 걸 그랬어요.

Butt out, Baby.

참견 마, 베이비(주인공 애칭).

Day 2

Doc, after all these years I finally got you up on my mountain.

의사 선생님, 몇 년 만에 드디어 이 산장에 모시게 되었네요.

Mom, Dad, I'm going up to the main house to look around.

엄마, 아빠, 둘러보러 본관에 좀 다녀올게요.

I shouldn't have to remind you.

내가 말할 것도 없어.

244

Day 3

This is a family place.

이곳은 가족을 위한 공간이야.

Listen, wiseass, you got your own rules.

말 잘 들어, 건방진 놈아, 네 규칙이나 잘 지켜.

That's it.

그게 전부야.

Day 4

That's where it ends.

그 이상은 안 돼.

No funny business, no conversations, and keep you hands off!

수작도 걸지 말고, 대화도 하지 말고, 그리고 거기서 손 떼!

Can you keep that straight, Johnny?

똑바로 해, 조니?

Day 5

What you can't lay your hands on!

네가 못 올라갈 나무야!

Give them anything they want.

그들이 원하는 건 다 들어드려.

Lisa's gonna decorate it.

리사 언니는 화장한대요.

Day 6

I'm going to Mississippi with a couple of busboys, freedom ride.

미시시피로 동료 웨이터 2명과 인종차별철폐 기차여행 갈 거예요.

They shouldn't show off with each other.

서로 너무 잘 추지 말아야 해.

That's not gonna sell lessons.

그러면 아무도 수업을 안 들을 텐데요.

Day 7

Actually, I've gotta excuse myself.

실은, 실례 좀 해야겠네요.

Was that good for you?

괜찮으셨어요?

I finally met a girl exactly like my mother.

결국, 엄마랑 똑같은 여자를 만났죠.

Day 8

He got me the job here.

그가 나한테 여기 직장을 구해 줬어요.

But what you can do for your waiter.

그럼 웨이터를 위해서 뭘 해 줄 수 있어요.

I've been dancing ever since.

그때부터 계속 춤을 춰 왔죠.

Day 9

It's the only thing I ever wanted to do anyway.

춤추는 게 오직 내가 원하던 일이었어요.

As long as it's not an all-night break.

쉬는 시간이 밤새도록 있는 건 아니잖아.

I love to watch your hair blowing in the breeze.

바람에 날리는 당신 머리를 보는 것이 좋아요.

Day 10

If they think you're with me, they'll be the happiest parents at Kellerman's.

부모님이 우리가 같이 있는 걸 보신다면, 캘러맨스에서 가장 행복한 부모님이 될 거야.

I don't hear an apology.

사과 한마디도 못 들었어.

Maybe you'll hear one in your dreams.

꿈에서나 들으라고.

Day 11

I'm sorry you had to see that, Baby.

괜한 걸 봤군.

Sometimes in this world… you see things you don't wanna see.

세상엔 때때로… 보고 싶지 않은 것을 보게 돼요.

You can have anything you want.

네가 원하는 건 뭐든지 가질 수 있어.

Day 12

She wouldn't do anything stupid, would she?

어리석은 짓은 안 하겠지?

What do you think you're doing?

사람이 왜 그래?

You're in trouble, you talk to me.

문제가 생기면, 말을 해야지.

Day 13

I'm not taking what's left of your salary.

네 남은 월급을 다 쓸 순 없어.

You don't know shit about my problems.

모르면 가만있어.

Just why you would get up to tell me what's right?

단지 뭐가 옳은 건지 말하려고 일어난 거야?

Day 14

You can't just leave her.

네가 책임을 져야지.

Some people count and some people don't.

어떤 사람은 그렇고 어떤 사람들은 그렇지 않은 사람들도 있어.

You always told me if someone was in trouble, I should help.

도움이 필요한 사람은 항상 도우라고 말씀하셔서, 그렇게 하려고요.

Day 15

That's a lot of money. What's it for?

큰돈인데. 뭘 하려고?

You always said you could tell me anything.

항상 나에게 모든 걸 말했잖니.

That was a stupid thing to ask.

괜한 걸 물어봤다.

Day 16

Can't someone else fill in?

다른 사람이 대신할 수가 없나요?

249

No, "Miss Fix-it." Somebody else can't fill in.

아니, "그녀"로 고정되었어. 다른 사람이 대신할 수가 없어.

It's not a bad idea.

나쁘지 않은 생각인데.

Day 17

It was a joke, Billy.

농담이었어, 빌리.

I'm not sure of turns.

난 회전을 어떻게 하는지도 몰라요.

But I'd rather drop you on it!

하지만 오히려 당신을 실망하게 하는군요!

Day 18

Now, the most important thing to remember in lifts is balance.

들어 올릴 때 기억해야 할 중요한 것은 균형 잡기예요.

So, if you passed… they teach you different dances, show you how to break them down, teach them.

그래서, 만일 뽑히면, 색다른 춤을 배우고, 그 춤을 변형시켜서, 그들에게 가르치죠.

I just want you to know that I don't sleep around.

아무하고 잠을 자진 않아.

Day 19

I don't know how to thank you.

뭐라 감사를 드려야 할지.

I don't want you to have anything to do with those people.

다신 상대하지 마.

You probably got a great room.

물론 네 방은 좋겠지.

Day 20

People treat me like I'm nothing because I am nothing.

사람들은 내가 별것이 아니라고 생각해서 그렇게 대하지.

I've never known anyone like you.

당신 같은 사람을 못 봤어.

You think you can make the world better.

세상을 더 낫게 만들 수 있다고 생각하잖아.

Day 21

That took a lot of guts to go to him!

보통 각오로 안 돼.

I'm scared of walking out of here and never feeling for the rest of my life.

이 방에서 나가서 남은 생 동안 아무것도 못 느낄까 봐 겁나.

How many times have you told me never get mixed-up

with them?

내가 몇 번을 네게 말했니. 그들과 아무것도 하지 말라고?

Day 22

God, I am so sick of this rain.

이런, 난 비 오는 게 너무 싫어.

Quite the little joiner, aren't we?

조금씩 다 하네, 그렇지 않아?

Women are throwing themselves at you and they smell so good.

여자들이 들이대는 데다가 향기도 좋아.

Day 23

I never knew women could be like that.

여자들이 그렇게 할 수 있는지도 몰랐어.

They're so goddamn rich you think they must know about everything.

정말 엄청난 부자라서 모든 것에 대해서 다 알아.

They were using me.

사람들이 날 이용했지.

Day 24

This is my dance space. That's yours.

여긴 제 공간이에요. 저기가 당신 공간이고요.

Well, you're free to do the same, tired number as last year if you want.

자네가 작년에 원하던 대로 올해는 그런대로 넘어가기로 하지.

But next year we'll find another dance person.

하지만 내년엔 다른 댄서를 고용하겠네.

Day 25

Sometimes he's hard to talk to, but the ladies seem to like him.

때론 말도 안 통하는데, 여자들은 그를 좋아한단 말이야.

See that he gives you the full half—hour you're paying him for, kid.

돈 낸 30분만큼 다 잘하는지 지켜볼 거야, 알겠지.

I don't think they saw us.

우리를 못 본 것 같아요.

Day 26

Well, cousin, it's almost over. Labor Day weekend is here.

자, 여러분, 여름이 거의 끝났네요. 다시 일상으로 가야겠죠.

You know how you feel when you see a patient and you think he's all right.

당신이 환자를 보고 그 환자가 괜찮다 생각들 때 느껴지는 감정

있잖아요.

It's exactly what it's like when you find out one of your staff's a thief.

종업원 중에 도둑이 있나 봐요.

Day 27

Moe Pressman's wallet was stolen when he was playing pinochle last night.

어젯밤 카드 치던 중 모프레스맨 씨의 지갑을 도난당했대요.

It was in his jacket hanging on the back of his chair.

의자 뒤에 걸려 있는 재킷 안에 있었어요.

Stay out of it, Baby.

참견 마, 베이비.

Day 28

Don't put those tables together. Come on.

저 테이블을 같이 붙이면 안 된다고. 자.

This Danish is pure protein.

이 데니쉬는 순수 단백질이에요.

You'll learn what it's like to fire an employee.

해고를 어떻게 하는지 배우게 될 거야.

You told me everyone was alike and deserved a fair break.

제겐 모든 사람은 같다고 하시곤, 최상의 사람들만 다루셨죠.

But you meant everyone who is like you.

그럼 당신 말은 모든 사람이 다 당신 같다는 거잖아요.

I knew it would work out.

그렇게 될 줄 알았어.

Day 30

I hurt my family, you lost your job anyway, I did it for nothing!

가족은 상처받고, 당신은 일을 잃었어. 내가 한 게 없네!

Nobody has ever done anything like that for me before.

아무도 나를 위해 이렇게 해 준 사람이 없었어.

You can't win no matter what you do.

뭘 하든 넌 소용없었어.

Day 31

I know you want Baby to be like you.

베이비가 당신과 같은 사람이 되길 바라시는 것 알아요.

I can't imagine being here without you even one day.

당신 없는 이곳은 하루도 상상이 안 돼.

I guess we surprised everybody.

뜻밖이겠지.

#궁금해요!

I love to watch your hair blowing in the breeze.

바람에 날리는 당신 머리 보는 것이 좋아요.

이 문장에서 love, watch, blowing은 전부 동사인가요?

문장에서의 주어에 해당하는 동사 love 하나밖에 안 돼요. to를 붙여서

to 부정사를 만들거나 ing를 만들어서 doing을 만들어 주면 문장에서

동사 역할을 하지 못해요.

watch + 목적어 + doing 문형이에요.

watch는 지각 동사로서 '목적어가 doing 하는 것을 지켜보다'로 해석

해요. 지각 동사에는 see, watch, smell, feel 등이 있어요.

They're so goddamn rich you think they must know about
everything.

정말 엄청난 부자라서 모든 것에 대해서 다 알아.

must는 '해야만 한다'로 해석하는 것이 아닌가요?

must는 조동사로서 강제에 해당하는 '~해야만 한다'라는 뜻이 있어

요. 또한, 추측의 뜻으로 '~임이 틀림없다'라는 뜻도 있어요.

But you meant everyone who is like you.
그럼 당신 말은 모든 사람이 다 당신 같다는 거잖아요.

who의 선행사가 everyone이면 is가 아니라 are이라고 써야 하지 않나요?

everyone, everybody는 한글로 모든 사람이라고 해석해서 복수로 알고 계시는 분들이 많아요. 쉽게 생각하면 각각의 모든 이들이라고 생각하면 돼요. 그래서 단수 취급해요.
헷갈리면 뒤에 one, body가 단수이니 이것을 보고 단수 취급하시면 돼요.

#간단한 구문 설명

I thought I'd never find a guy as great as my dad.
아빠만큼 좋은 남자는 찾을 수 없을 거라고 생각했었다.

find + 목적어 + 목적 보어 문형으로 'a guy가 great 하다'라고 해석돼요.
find a great guy는 좋은 남자를 찾는다는 뜻이 되는데 find a guy

great은 a guy가 great 한지는 몰랐는데 알게 되었다는 뜻으로 뒤늦은 인지를 뜻해요.
as + 형용사/부사 + as를 써서 find의 목적 보어 형용사를 원급 비교하여 '아빠만큼 멋진 남자'라고 원급 해석해요.

Mom, I should've brought the coral shoes.
엄마, 산호색 신발을 가져올 걸 그랬어요.

should have done '~할 걸 그랬어'라는 의미로 '~했었어야 했다'로 해석하며 뒤늦은 후회를 나타낼 때 쓰는 표현이에요.

I've been dancing ever since.
그때부터 계속 춤을 춰 왔죠.

have been doing은 현재완료 진행형으로 '~해 오고 있다'라고 해석해요.
have done(현재완료: ~을 해 오다) + be doing(진행형: ~하는 중이다)이 합쳐진 표현이에요.

She wouldn't do anything stupid, would she?
어리석은 짓은 안 하겠지?

부가 의문문을 쓴 형태로 답을 필요로 한다기보다는 자신의 의견 동의를 구하고자 하는 경우가 대부분이에요. 앞부분이 부정이면 뒷부분이 긍정, 앞부분이 긍정이면 뒷부분이 부정 이렇게 만들며, 뒤에는 V + S로 써서 의문문을 만들어요.

What do you think you're doing?
사람이 왜 그래?

의문사가 있는 경우 what, why, where 의문사 + do + 주어 + 동사(정상어순)로 의문문을 만들어 주는데, 가장 중요한 것은 뒤의 절은 반드시 정상어순으로 만들어 줘야 한다는 거예요.

You always said you could tell me anything.
항상 나에게 모든 걸 말했잖니.

Tell + 목적어(사람) + 목적어(사물) 어순으로 쓰며 항상 사람이 먼저 온다고 생각하시면 돼요. 사물이 먼저 오는 경우는 'tell 사물 + 전치사(to) + 사람' 이렇게 쓰면 됩니다.
이걸 4형식에서 3형식으로 바꾼다고 말해요.

Moe Pressman's wallet was stolen when he was playing pinochle last night.

어젯밤 카드 치던 중 모프레스맨 씨의 지갑을 도난당했대요.

was stolen은 be done(수동)의 형태로 쓰인 것이며, 주어가 사물일 때 쓰여요. 훔친 사람이 누구인지 모르고 그 상황만 나타내는 상황에서는 수동태를 사용해요.

실전 말해 보기 ✍

Day 1

아빠만큼 좋은 남자는 찾을 수 없을 거라고 생각했었다.

엄마, 산호색 신발을 가져올 걸 그랬어요.

참견 마, 베이비(주인공 애칭).

Day 2

의사 선생님, 몇 년 만에 드디어 이 산장에 모시게 되었네요.

엄마, 아빠, 둘러보러 본관에 좀 다녀올게요.

내가 말할 것도 없어.

Day 3

이곳은 가족을 위한 공간이야.

말 잘 들어, 건방진 놈아, 네 규칙이나 잘 지켜.

그게 전부야.

Day 4

그 이상은 안 돼.

수작도 걸지 말고, 대화도 하지 말고, 그리고 거기서 손 떼!

똑바로 해, 조니?

Day 5

네가 못 올라갈 나무야!

그들이 원하는 건 다 들어드려.

리사 언니는 화장한대요.

Day 6

미시시피로 동료 웨이터 2명과 인종차별철폐 기차여행 갈 거예요.

서로 너무 잘 추지 말아야 해.

그러면 아무도 수업을 안 들을 텐데요.

Day 7

실은, 실례 좀 해야겠네요.

괜찮으셨어요?

결국, 엄마랑 똑같은 여자를 만났죠.

Day 8

그가 나한테 여기 직장을 구해 줬어요.

그럼 웨이터를 위해서 뭘 해 줄 수 있어요.

그때부터 계속 춤을 춰 왔죠.

Day 9

춤추는 게 오직 내가 원하던 일이었어요.

쉬는 시간이 밤새도록 있는 건 아니잖아.

바람에 날리는 당신 머리를 보는 것이 좋아요.

Day 10

부모님이 우리가 같이 있는 걸 보신다면, 캘러맨스에서 가장 행복한 부모님이 될 거야.

사과 한마디도 못 들었어.

꿈에서나 들으라고.

Day 11

괜한 걸 봤군.

세상엔 때때로… 보고 싶지 않은 것을 보게 돼요.

네가 원하는 건 뭐든지 가질 수 있어.

Day 12

어리석은 짓은 안 하겠지?

사람이 왜 그래?

문제가 생기면, 말을 해야지.

Day 13

네 남은 월급을 다 쓸 순 없어.

모르면 가만있어.

단지 뭐가 옳은 건지 말하려고 일어난 거야?

Day 14

네가 책임을 져야지.

어떤 사람은 그렇고 어떤 사람들은 그렇지 않은 사람들도 있어.

도움이 필요한 사람은 항상 도우라고 말씀하셔서, 그렇게 하려고요.

Day 15

큰돈인데. 뭘 하려고?

항상 나에게 모든 걸 말했잖니.

괜한 걸 물어봤다.

Day 16

다른 사람이 대신할 수가 없나요?

아니, "그녀"로 고정되었어. 다른 사람이 대신할 수가 없어.

나쁘지 않은 생각인데.

Day 17

농담이었어, 빌리.

난 회전을 어떻게 하는지도 몰라요.

하지만 오히려 당신을 실망하게 하는군요!

Day 18

들어 올릴 때 기억해야 할 중요한 것은 균형 잡기예요.

그래서 만일 뽑히면, 색다른 춤을 배우고, 그 춤을 변형시켜서,

그들에게 가르치죠.

아무하고 잠을 자진 않아.

Day 19

뭐라 감사를 드려야 할지.

다신 상대하지 마.

물론 네 방은 좋겠지.

Day 20

사람들은 내가 별것이 아니라고 생각해서 그렇게 대하지.

당신 같은 사람을 못 봤어.

세상을 더 낫게 만들 수 있다고 생각하잖아.

Day 21

보통 각오로 안 돼.

이 방에서 나가서 남은 생 동안 아무것도 못 느낄까 봐 겁나.

내가 몇 번을 네게 말했니. 그들과 아무것도 하지 말라고?

Day 22

이런, 난 비 오는 게 너무 싫어.

조금씩 다 하네, 그렇지 않아?

여자들이 들이대는 데다가 향기도 좋아.

Day 23

여자들이 그렇게 할 수 있는지도 몰랐어.

정말 엄청난 부자라서 모든 것에 대해서 다 알아.

사람들이 날 이용했지.

Day 24

여긴 제 공간이에요. 저기가 당신 공간이고요.

자네가 작년에 원하던 대로 올해는 그런대로 넘어가기로 하지.

하지만 내년엔 다른 댄서를 고용하겠네.

Day 25

때론 말도 안 통하는데, 여자들은 그를 좋아한단 말이야.

돈 낸 30분만큼 다 잘하는지 지켜볼 거야, 알겠지.

우리를 못 본 것 같아요.

Day 26

자, 여러분, 여름이 거의 끝났네요. 다시 일상으로 가야겠죠.

당신이 환자를 보고 그 환자가 괜찮다 생각들 때 느껴지는 감정
있잖아요.

종업원 중에 도둑이 있나 봐요.

Day 27

어젯밤 카드 치던 중 모프레스맨 씨의 지갑을 도난당했대요.

의자 뒤에 걸려 있는 재킷 안에 있었어요.

참견 마, 베이비.

Day 28

저 테이블을 같이 붙이면 안 된다고. 자.

이 데니쉬는 순수 단백질이에요.

해고를 어떻게 하는지 배우게 될 거야.

Day 29

제겐 모든 사람은 같다고 하시곤, 최상의 사람들만 다루셨죠.

그럼 당신 말은 모든 사람이 다 당신 같다는 거잖아요.

그렇게 될 줄 알았어.

Day 30

가족은 상처받고, 당신은 일을 잃었어. 내가 한 게 없네!

아무도 나를 위해 이렇게 해 준 사람이 없었어.

뭘 하든 넌 소용없었어.

Day 31

베이비가 당신과 같은 사람이 되길 바라시는 것 알아요.

당신 없는 이곳은 하루도 상상이 안 돼.

뜻밖이겠지.

267

x

10. 용기 있는 침묵
여인의 향기

영화 〈여인의 향기(Scent of a Woman)〉(1993)는 제목이 주는 느낌과는 달리 고등학생인 찰리 심스와 시각장애를 갖고 있는 퇴역 장교 프랭크 슬레이드의 감동적인 우정을 다루고 있다. 이 영화는 65회 아카데미에서 남우주연상을, 50회 골든 글로브에서 작품상과 각본상, 남우주연상을 수상한 명작으로 손꼽는다.

찰리(크리스 오도넬 분)는 미국의 한 명문고에 재학 중이지만 친구들과는 달리 가정 형편이 넉넉하지 못해 늘 아르바이트를 한다. 그러던 어느 날 찰리는 친구 조지(필립 시모어 호프만 분)와 함께 학교를 나서다가 다른 친구들이 일을 꾸미는 것을 보게 된다. 다음 날 학교 가로 등에 누군가 매달아 둔 커다란 풍선이 터지며 교장이 페인트를 뒤집어쓰는 망신스러운 일을 당하게 된다. 마침 전날 밤 늦게 하교하던 조지와 찰리를 목격한 한 선생님이 그들을 지목하고 둘은 교장실에 불려 가게 된다. 조지와는 달리 찰리는 침묵을 지켰고, 교장은 찰리에게 하버드 입학 추천서로 찰리를 회유한다.

가난한 모범생인 찰리는 크리스마스에 고향에 다녀올 돈을 벌기 위해 아르바이트를 찾게 되고, 교내 게시판에서 본 노인 돌보미를 맡게 된다. 이때 운명처럼 만난 이가 바로 앞을 못 보는 퇴역 장교 프랭크(알 파치노 분)였다. 찰리의 작은 실수에도 버럭 대며 날이 선 모습을 보여 주던 프랭크는 자신의 뉴욕 여행길에 찰리를 도우미로 데리고 가게 된다.

둘은 고급 호텔에 투숙하고 비싼 식사와 술도 즐기며 고급 양복점에서 옷을 맞추기도 한다. 그리고 프랭크의 형 윌리의 집에 깜짝 방문하게 되지만, 프랭크의 가족들은 그를 불편해하기만 하고 난데없이 싸움이 일기도 한다. 찰리와 프랭크는 다음 날 다시 뉴욕 여행을 재개하고 학교 문제로 고민인 찰리를 데리고 프랭크는 고급 레스토랑으로 향한다. 바로 여기에서 많은 사람들이 명장면으로 꼽는 〈Por una Cabeza(Carlos Gardel曲)〉 선율에 탱고 신(scene)이 등장한다.

프랭크는 단순히 '향기'만으로 아름다운 여인의 존재를 느끼곤 찰리와 함께 합석하여 자연스럽게 대화를 끌어낸다. 탱고를 배워 보고 싶지만 실수할까 봐 걱정인 아름다운 여인 도나(가브리엘 앤워 분)에게, 프랭크는 실수를 하더라도 스텝이 엉키더라도 그게 바로 탱고라며 다독여 준다. 무대에 선 두 사람을 위한 즉흥 연주가 시작되고 도나와 프랭크는 천천히 호흡을 맞춰 간다. 프랭크는 실수 하나 없이 매끈하게 스텝을 밟아 가고, 도나도 프랭크의 리드에 몸을 맡겨 물 흐르듯 춤을 춘다. 연주가 끝나자 박수는 쏟아졌고 찰리는 프랭크의 모습을 흐뭇하게 바라본다.

하지만 입버릇처럼 죽고 싶다는 말을 달고 살던 프랭크는 정말 곧 죽을 사람처럼 기운이 없어졌고, 보다 못한 찰리는 그를 페라리 매장으로 데려가 차를 몰게 만든다. 마치 어린아이처럼 즐기던 프랭크는 다시 침울한 얼굴이 되어 차가 쏜살같이 내달리는 도로를 막무가내로 걸으며 찰리를 걱정시킨다.

호텔로 돌아온 프랭크는 뜬금없이 찰리에게 진통제를 사 오라며 심부름을 시키고, 이상한 느낌에 호텔로 돌아온 찰리는 제복을 갖춰 입고 총을 들고 생을 마감하려는 프랭크를 보게 된다. 어둠 속에 있다며 절규하는 프랭크를 찰리가 울부짖으며 양지로 끌고 나오고, 그렇게 짧고도 길었던 두 사람의 여행도 마무리된다.

찰리는 부모님 없이 징계위원회에 나가게 되지만, 뜻밖에도 프랭크가 등장해 찰리의 옆자리를 지키게 된다. 찰리는 교장의 다그침에도 끝까지 친구들의 이름을 발설하지 않았고 그 모습을 보던 프랭크는 "찰리의 침묵이 옳은지 그른지 모르겠지만 그가 자기 미래를 사기 위해 누군가를 팔지 않는다는 건 알고 있소!"라며 목소리를 높인다.

찰리는 프랭크에게서, 프랭크는 찰리에게서 내 인생의 주인공으로 사는 법을 배운 것처럼 묘하게 닮은 채 영화는 끝이 난다. 실수해도 그것이 탱고인 것처럼, 앞으로 계속 나아가는 방법을 남기며.

도전 스크린 영어 ✎

Day 1

Really, I wish you wouldn't do that around me.

제발, 내 주위에서 제발 그러지 좀 마.

It's so filthy.

제발 냄새 좀 피우지 마.

Ah, this is pathetic.

아, 안타깝다.

Day 2

Ah, you don't think I deserve it.

내겐 과분하다는 뜻이군.

You're going home this weekend, Chas?

주말에 집에 안 가니, 체스?

You got a deal going, kid!

아주 싸게 갈 수 있어!

Day 3

My father set it up.

우리 아버지 덕에 말이야.

We could fit you in, kid.

너도 끼워 줄 수 있어.

How short are you?

얼마나 모자라니?

Day 4

On major holidays, Willis, it's customary for the lord of the
manor to offer drippings to the poor.

축제 때는 영주들이 빈민들에게 음식을 나눠 주는 게 풍습이야.

You're so full of shit!

더러운 위선자군!

I'm here about the weekend job.

일자리 때문에 왔어요.

Day 5

You're available the whole weekend?

주말 내내 일할 수 있나요?

Before you going, do you mind my telling you a few
things?

시작 전에, 몇 가지 충고를 해도 될까요?

Come a little closer. I wanna get a better look at you.

좀 더 다가와. 너를 자세히 보고 싶으니까.

Day 6

Can't believe they're my blood.

저것들이 내 핏줄이라니.

You sharpshootin' me, punk?

내게 따지는 거야?

Don't you sharpshoot me.

건방 좀 떨지 마.

Day 7

It was a bad interview.

면접을 잘 못했어요.

I promise you, an easy 300 bucks.

3백 달러는 거저 버는 거죠.

I just feel better having someone else around just in case.

그래서 누군가 곁에 있어야만 마음이 놓일 것 같아요.

Day 8

Yeah, I know. That's why he put it on reserve.

알아, 그래서 내게 맡긴 거지.

Chas, I'm pullin'(=pulling) an all-nighter.

체스, 난 밤을 새울 건데.

Keep your voice down!

목소리 좀 낮춰!

Day 9

He wasn't conniving. He wasn't crass.

못 본 체하진 않았을 테고. 속였을 리도 없고.

On preserving the reputation of Baird.

베어드의 명성을 보존하는 데 있어서 말이죠.

I am empowered to handle certain matters on my own as I see fit.

내 판단으로 결정하는 안건들이 있다는 거지.

Day 10

Do you know on whose behalf I drafted a memo this year?

내가 올해 누굴 추천할 생각인지 아나?

Chas, I detect a slight panic pulse from you.

체스, 넌 당황하고 있는 것 같아.

We stick together.

서로 협조해야 해.

Day 11

What does that have to do with me being on scholarship?

장학금을 받는 것에도 영향이 있을까?

Well, I wouldn't try a thing like that unless I knew, would I?

난 잘 알기 전에 그런 짓은 절대로 안 해요, 그렇죠?

Sorry to keep you waiting, sweetheart.

기다리게 해서 미안해요, 아가씨.

Day 12

Don't shrug, imbecile. I'm blind.

어깨 으쓱하지 마, 풋내기. 안 보이니까.

What has she got, separation anxiety?

떨어지는 게 겁나서 그러나?

Here. Let me take a look at that.

어디 솜씨 좀 보자.

Day 13

New York's too much responsibility.

뉴욕은 책임을 질 수가 없어서요.

What are you, some kind of chicken-shit?

이봐, 넌 정말 고지식한 멍청이냐?

Oh, big things may happen to that little thing of yours.

작은 것을 종합하면 큰 것을 알 수가 있어.

Day 14

All information will be given on a need-to-know basis.

정보란 필요한 사람에게만 주어지는 거야.

Who made 'em?

누가 만들었지?

There're only two syllables in this whole wide world worth hearing.

세상에서 들을 가치가 있는 유일한 단어가 뭔지 아나?

Day 15

Well, fuck him.

거지 같은 놈.

Back to school. I've got some real important stuff I have to take care of.

학교로요. 사실 해결해야 할 중요한 일이 있거든요.

I'm talkin' top of the line, now.

난 최고를 원하오.

Day 16

You got the fuckin' weight of the world on your shoulders.

네가 세상 짐을 다 짊어지고 있기 때문이야.

If it's not a big deal, why did you say real important stuff?

큰일도 아니라면 뭐가 그렇게 중요한 거야?

I'm just in a little trouble.

아뇨, 단지 사소한 말썽이에요.

Day 17

Are you a rich miser or something?

중령님이 돈 많은 구두쇠였나요?

Why should I? You're not interested. You don't give a shit!

내가 왜? 넌 관심 없잖아. 상관 말아. 잔소리 말아!

I need a guide dog to help me execute my plan.

계획을 수행하려면 도울 사람이 필요해.

Day 18

You have a right to know.

너도 알 권리가 있지.

My mouth's watering.

군침이 흐르는군.

In the morning, the area will be returned to sitting-room mode.

아침에는 잠잔 곳을 원상태로 복구해 놔.

Day 19

No later than 0700 hours. (* 07:00의 군대식 시간 표기법)

늦어도 7시까지 말이야.

You got a lovely day to do it in, that's true.

너무 화창한 날이로다.

And I've asked her if she'd put something together for you.

자네 것도 부탁해 뒀어.

Day 20

I don't want to disturb you.

중령님을 방해하고 싶지 않아서요.

George isn't going to say anything to his father.

조지는 고자질 안 할 거예요.

Oh, Charlie, about your little problem, there are two kinds of people in this world:

찰리, 세상엔 두 종류의 사람이 있지.

Day 21

Those who stand up and face the music, and those who run for cover.

위험에 맞서 싸우려는 사람과, 빠져나가려는 사람.

Randy? You new?

랜디? 초면인가?

Bailed me out of more trouble than he'd like to remember.

기억도 못 할 만큼 날 곤경에서 구해 줬어.

Day 22

Because it's not important for me to get it right.

279

제대로 안다고 득이 되는 것도 없으니까.

What are you doing there now?

직책은 뭐니?

I didn't know you were so easily shocked, Randy.

그렇게 쉽게 감동할 줄은 몰랐다.

Day 23

It's all right, Gloria. I enjoy Randy's observations.

괜찮아, 글로리아. 난 랜디의 세밀한 관찰력을 즐겨.

Either Gail is nervous or unsatisfied.

게일은 신경질이 났거나 불만족스러운 거야.

You've gotten so wrapped up in sugar business.

넌 설탕 사업에 몰두하다 보니 진짜 꿀맛을 잊은 것 같구나.

Day 24

Here's fire under that dress.

욕망이 감춰져 있는 거야.

Just a warning.

이건 경고야.

Right, Frank was passed over for promotion.

맞아, 삼촌은 누락이 됐던 거야. 진급에서 말이야.

Day 25

What difference does it make?

무슨 상관이 있죠?

He was an asshole before.

삼촌은 예전엔 쓰레기였어.

Hey, God's a funny guy.

이봐, 하나님도 재미있으셔.

Day 26

God doth have a sense of humor.

하나님도 유머 감각은 있으시지.

You're stuck with me, Charlie.

넌 이제 못 빠져나가, 찰리.

But I sometimes need a point in the right direction.

가끔은 올바른 방향을 알아야 할 필요가 있어.

Day 27

Colonel, this is unacceptable.

대령, 그건 용납 못 해요.

You do see the sense of it, Charlie, don't you?

너는 내 심정 알겠지. 찰리, 안 그래?

You have a conscience.

네가 양심이 있다고.

Day 28

I'm gettin'(=getting) that heavy feelin'(=feeling) again, Charlie.

또다시 마음이 무거워지는걸, 찰리.

There are just some things you can't do.

선뜻 내키지 않는 뭔가가 있어요.

You're gonna have a tough time in this world, Charlie.

정말로 아주 힘든 때를 맞은 거구나, 찰리.

Day 29

I'm getting a nice soap—and—water feeling from down there.

좋은 비누 향기가 저쪽에서 나는 것 같은데.

You callin'(=calling) her female must mean you like her or you wouldn't be so casual.

여성이라고 하는 걸 보니 그녈 좋아한다는 뜻이군.

I'm feelin'(=feeling) you're being neglected.

대접이 소홀한 것 같아서요.

Day 30

Charlie's having a difficult weekend.

찰리는 힘든 주말을 보내고 있죠.

He's going through a crisis.

위기를 맞고 있어요.

How does he look like he's holding up?

지금 그의 인상이 어떤 것 같나요?

Day 31

Would you like to learn to tango, Donna?

탱고를 배우고 싶지 않나요, 도나?

Afraid of making a mistake.

제가 실수를 할까 봐요.

If you make a mistake, get all tangled up, just tango on.

만약 실수하면 스텝이 엉키고 그게 바로 탱고죠.

#궁금해요!

You're available the whole weekend?

주말 내내 일할 수 있나요?

available 말고 possible로 쓰면 안 되나요?

'가능하다'라는 표현을 영어에서는 possible과 available이 대표적
으로 많이 쓰이는데, possible은 사물에만 쓰여요. 사람인 경우는
available로 써야 합니다.

Before you go in, do you mind my telling you a few things?

시작 전에, 몇 가지 충고를 해도 될까요?

mind + 동명사 구문인데 my가 왜 사이에 온 거죠?

mind + doing(동명사)을 쓰는 문형이며 doing을 하는 주체를 써 주고
자 할 때는 그 앞에 my doing과 같이 소유 형용사 형태로 쓰면 돼요.

Oh, Charlie, about your little problem, there are two kinds of
people in this world:

찰리, 세상엔 두 종류의 사람이 있지.

언제 there is, there are가 오는 건가요?

there are two kinds of people in this world:

there are + 복수(명사)로서 are가 온 것이에요. there의 품사는 부사이므로 주어가 될 수 없어요. there is, there are 뒤에 나오는 명사가 주어가 돼요. 항상 there is는 '～이 있다', there are는 '～들이 있다'라고 해석하면 돼요.

#간단한 구문 설명

Really, I wish you wouldn't do that around me.

제발, 내 주위에서 제발 그러지 좀 마.

I wish S + V (과거) 가정법으로서 '～했으면 좋았을 텐데'라고 해석하며 S + wish + 주어 + 동사(과거형)를 써 주면 돼요.

How short are you?

얼마나 모자라니?

How는 '어떻게, 얼마나'로 해석이 되며 부사이기 때문에 뒤에 형용사나 다른 부사가 와요.

On major holidays, Willis, it's customary for the lord of the manor to offer drippings to the poor.
축제 때는 영주들이 빈민들에게 음식을 나눠 주는 게 풍습이야.

it is + 형용사 + for + 목적어 + to do 문형으로 to do 행동하는 사람을 for를 써서 for + 사람으로 표현하고 for + 사람 + to do 한 행동을 it으로 전부 다 받아서 해석은 for 해석 없이 사람이 to do 하는 것은 '형용사 하다'라고 해석하면 돼요. 즉 it은 가주어예요.

Sorry to keep you waiting, sweetheart.
기다리게 해서 미안해요, 아가씨.

keep + 사람 + doing 문형으로 '사람이 계속 doing 하게 하다'와 같이 해석돼요.

Back to school. I've got some real important stuff I have to take care of.
학교로요. 사실 해결해야 할 중요한 일이 있거든요.

important stuff that I have to take care of.

stuff 뒤에 'that'이 생략된 것으로 종속절 take care of의 목적어가 되며 선행사(stuff)가 있을 시 관계대명사(that)는 생략 가능해요.

Those who stand up and face the music and those who run for cover.
위험에 맞서 싸우려는 사람과, 빠져나가려는 사람.

those는 일반적인 사람을 지칭하며 who 절처럼 수식구가 있을 때 people 대신 사용해요.

실전 말해 보기 ✒

Day 1

제발, 내 주위에서 제발 그러지 좀 마.

제발 냄새 좀 피우지 마.

아, 안타깝다.

Day 2

내겐 과분하다는 뜻이군.

주말에 집에 안 가니, 체스?

아주 싸게 갈 수 있어!

Day 3

우리 아버지 덕에 말이야.

너도 끼워 줄 수 있어.

얼마나 모자라니?

Day 4

축제 때는 영주들이 빈민들에게 음식을 나눠 주는 게 풍습이야.

더러운 위선자군!

일자리 때문에 왔어요.

Day 5

주말 내내 일할 수 있나요?

시작 전에, 몇 가지 충고를 해도 될까요?

좀 더 다가와. 너를 자세히 보고 싶으니까.

Day 6

저것들이 내 핏줄이라니.

내게 따지는 거야?

건방 좀 떨지 마.

Day 7

면접을 잘 못했어요.

3백 달러는 거저 버는 거죠.

그래서 누군가 곁에 있어야만 마음이 놓일 것 같아요.

Day 8

알아, 그래서 내게 맡긴 거지.

체스, 난 밤을 새울 건데.

목소리 좀 낮춰!

Day 9

못 본 체하진 않았을 테고. 속였을 리도 없고.

베어드의 명성을 보존하는 데 있어서 말이죠.

내 판단 때문에 결정하는 안건들이 있다는 거지.

Day 10

내가 올해 누굴 추천할 생각인지 아나?

체스, 넌 당황하고 있는 것 같아.

서로 협조해야 해.

Day 11

장학금을 받는 것에도 영향이 있을까?

난 잘 알기 전에 그런 짓은 절대로 안 해요, 그렇죠?

기다리게 해서 미안해요, 아가씨.

Day 12

어깨 으쓱하지 마, 풋내기. 안 보이니까.

떨어지는 게 겁나서 그러나?

어디 솜씨 좀 보자.

Day 13

뉴욕은 책임을 질 수가 없어서요.

이봐, 넌 정말 고지식한 멍청이냐?

작은 것을 종합하면 큰 것을 알 수가 있어.

Day 14

정보란 필요한 사람에게만 주어지는 거야.

누가 만들었지?

세상에서 들을 가치가 있는 유일한 단어가 뭔지 아나?

Day 15

거지 같은 놈.

학교로요. 사실 해결해야 할 중요한 일이 있거든요.

난 최고를 원하오.

Day 16

네가 세상 짐을 다 짊어지고 있기 때문이야.

큰일도 아니라면 뭐가 그렇게 중요한 거야?

아뇨, 단지 사소한 말썽이에요.

Day 17

중령님이 돈 많은 구두쇠였나요?

내가 왜? 넌 관심 없잖아. 상관 말아. 잔소리 말아!

계획을 수행하려면 도울 사람이 필요해.

Day 18

너도 알 권리가 있지.

군침이 흐르는군.

아침에는 잠잔 곳을 원상태로 복구해 놔.

Day 19

늦어도 7시까지 말이야.

너무 화창한 날이로다.

자네 것도 부탁해 뒀어.

Day 20

중령님을 방해하고 싶지 않아서요.

조지는 고자질 안 할 거예요.

찰리, 세상엔 두 종류의 사람이 있지.

Day 21

위험에 맞서 싸우려는 사람과, 빠져나가려는 사람.

랜디? 초면인가?

기억도 못 할 만큼 날 곤경에서 구해 줬어.

Day 22

제대로 안다고 득이 되는 것도 없으니까.

직책은 뭐니?

그렇게 쉽게 감동할 줄은 몰랐다.

Day 23

괜찮아, 글로리아 난 랜디의 세밀한 관찰력을 즐겨.

게일은 신경질이 났거나 불만족스러운 거야.

넌 설탕 사업에 몰두하다 보니 진짜 꿀맛을 잊은 것 같구나.

Day 24

욕망이 감춰져 있는 거야.

이건 경고야.

맞아, 삼촌은 누락이 됐던 거야. 진급에서 말이야.

Day 25

무슨 상관이 있죠?

삼촌은 예전엔 쓰레기였어.

이봐, 하나님도 재미있으셔.

Day 26

하나님도 유머 감각은 있으시지.

넌 이제 못 빠져나가, 찰리.

가끔은 올바른 방향을 알아야 할 필요가 있어.

Day 27

그건 용납 못 해요.

너는 내 심정 알겠지. 찰리, 안 그래?

네가 양심이 있다고.

Day 28

또다시 마음이 무거워지는걸, 찰리.

선뜻 내키지 않는 뭔가가 있어요.

정말로 아주 힘든 때를 맞은 거구나, 찰리.

Day 29

좋은 비누 향기가 저쪽에서 나는 것 같은데.

여성이라고 하는 걸 보니 그녈 좋아한다는 뜻이군.

대접이 소홀한 것 같아서요.

Day 30

찰리는 힘든 주말을 보내고 있죠.

위기를 맞고 있어요.

지금 그의 인상이 어떤 것 같나요?

Day 31

탱고를 배우고 싶지 않나요, 도나?

제가 실수를 할까 봐요.

만약 실수하면 스텝이 엉키고 그게 바로 탱고죠.

Dance

⬦

Movies

⬦

A

famous line

11. 기회를 잡는다면 운명을 바꿀 수 있어
탱고 레슨

흑백영화 〈탱고 레슨(The Tango Lesson)〉(1997)은 영국 여성 감독 샐리 포터가 직접 각본을 쓰고 연출했고, 심지어 출연까지 한 특별한 영화이다. 여주인공 샐리는 현실에서와 같이 영화 속에서도 중년의 영화감독으로 등장한다.

시나리오 집필차 파리에 머물고 있던 샐리(샐리 포터 분)는 우연히 탱고 공연을 보게 된다. 탱고에 관심이 생긴 샐리는 아르헨티나인 탱고 댄서 파블로(파블로 베론 분)에게 다가가 자신에게 탱고 레슨을 해주면 영화에 출연시켜 주겠다고 제안한다.

제대로 걷지도 못하던 샐리는 첫 번째 탱고 레슨에서 차츰 탱고 스텝과 동작을 익혀 간다. 탱고를 배우면서 틈틈이 스릴러물 시나리오를 집필하여 완성한 샐리는 뉴욕에서 영화 제작자를 만나지만 거절당하고 만다. 샐리는 그 누구의 이야기도 아닌 자기 자신의 이야기를 써야겠다고 마음먹게 되고, 때마침 파블로에게 공연 파트너 제안을 받게 된다.

샐리는 파블로와 연습에 몰두하지만 연습 막바지에 각자의 의견만 내세우게 되고, 결국 샐리는 파블로에게 공연이 엉망이었다는 가슴 아픈 평가를 받게 된다. 이에 크게 실망한 샐리는 밤새 거리를 거닐다 한 성당 앞에 그려진 〈야곱과 천사〉 앞에 서게 된다. 야곱은 밤중에 알 수 없는 존재와 씨름하다 뒤늦게 그 존재가 천사임을 깨닫게 된다는 내용으로, 천사의 가슴에 머리를 들이받고 있는 야곱과 그런 야곱의 손을 붙잡고 서 있는 천사의 모습을 보고 샐리는 자신과 파블로를 떠올리게 된다.

싸움처럼 보이기도 하고 뜨거운 포옹처럼 보이기도 하는 그림을 떠올리며 샐리는 탱고 레슨을 영화화하기 위한 첫발을 내딛는다. 샐리는 파블로와 함께 퍼붓는 비를 맞으며 〈De mis Amores(Pedro Laurenz, 1937)에 맞춰 강렬한 인상의 춤을 춘다. 이 장면은 〈탱고 레슨〉의 명장면으로 손꼽히며 필자를 비롯한 많은 탱고 팬들의 아르헨티나행을 부추기기도 했다. 불과 몇 분밖에 되지 않는 이 장면이 머릿속에서 떠나질 않아 아르헨티나에 머물며 그 춤을 수없이 연습한 적도 있다. 샐리처럼 필자 역시 탱고에 빠져들어 몰입했던 순간이 있었고, 자신의 의지를 따라 스스로 또 다른 삶을 개척하고 있는 샐리에 빠져들었다.

"운명이 있다고 생각해요?"

"기회와 운명 중 뭘 믿느냐에 달렸죠."

"당신은 어떤 걸 믿죠?"

"의지에 달렸죠."

의지와 기회, 그리고 운명. 샐리는 자신의 의지를 믿었고 기회를 만들었으며 운명을 개척해 나간다.

이 영화는 단순히 탱고의 매력을 알려 주는 것 이상의 울림을 선사한다. 원치 않았던 일들과 마주하더라도 강한 의지로 극복하여 슬픔을 기쁨으로 만드는 힘. 샐리는 관객들에게 그 힘을 나누어 주며 자신의 이야기를 마친다.

도전 스크린 영어 ✌

Day 1

I wanted to say you move like an Angel.

마치 천사의 동작 같았어요.

But it's more than that. You give, but not too much.

아니, 사실 그 이상의 뭔가를 느꼈어요.

Your presence on stage is like an actor on film.

뭐랄까, 무대 매너가 마치 영화배우 같더군요.

Day 2

It's difficult to do.

뒤로 걷는 게 무척 어렵군요.

So let's walk forwards.

자, 그럼 앞으로 걸어 봐요.

Now I feel I can't walk at all!

난 걸음마도 못 하네요.

Day 3

Any in black?

블랙커피에 뭘 넣으시나요?

299

Black? Yes, I have black too.

블랙이요? 네, 저도 블랙으로 주세요.

It was a real pleasure. Good dancer!

정말 훌륭한 댄서입니다. 최고예요!

Day 4

Do you think people's paths cross for a reason?

사람들의 연이 어떤 연유로 엮여 있다고 생각하나요?

It depends if you believe in chance or destiny.

기회를 믿는지 운명을 믿는지에 달렸다고 생각해요.

What do you believe?

무얼 믿으시나요?

Day 5

I believe chance gives us the opportunity to create our destiny.

난 기회가 운명을 만든다고 생각해요.

With our will.

우리의 의지로요.

A question.

질문이 있어요.

Day 6

You believe in God?

신을 믿나요?

I'm abandoning my film.

영화는 포기하기로 했어요.

Wasn't it your idea?

당신 생각 아니었나요?

Day 7

So what will you do?

그래서 우린 뭘 해야 하죠?

Something more personal.

개인적인 작품을 만들고 싶어요.

Ok, fine, it doesn't matter.

정말 괜찮으니 신경 쓰지 말아요.

Day 8

We should define our relationship more clearly⋯ set some limits.

우리 관계를 좀 더 명확히 해야 할 것 같아요⋯ 제한을 두죠.

You know, I also wanted to say something.

저, 하고 싶은 말이 있었어요.

I've had difficult experiences before⋯ when I mixed the

professional and the personal.
그러니까 예전에 한 번 공과 사를 구분 못 해서 힘든 경험을 한
적이 있어.

Day 9

It's dangerous.
그런 건 위험해요.
It can be.
그럴 수 있죠.
I didn't notice how late it was.
그렇게 늦었는지 몰랐어요.

Day 10

Where are you?
어디에 있어요?
I waited where we said.
우리가 말했던 곳에서 기다렸어요.
It can destroy everything.
모든 게 망가질 수도 있어요.

Day 11

Stop thinking.
잡념을 버려요.

Less tension.

힘을 더 빼요.

I'm not doing anything.

아무것도 하고 있지 않아요.

Day 12

I think It's better to sublimate our attraction into our work.

서로의 관심을 우리의 일로 승화하도록 해요.

Couldn't you encourage me instead of… criticizing me?

비난하기보단 격려해 주면 안 되나요?

I'm trying… I'm really trying.

노력하고 있어요. 진심으로 노력 중이라고요.

Day 13

You simply let go.

그냥 해 봐요.

Just center yourself.

중심을 잃지 말아요.

Follow me here.

여기 날 따라와요.

Day 14

You're doing it alone.

당신은 멋대로 하고 있어요.

Wait for me.

날 기다려요.

For the first time.

우선 먼저.

Day 15

More direct.

좀 더 수직으로.

No, don't move your arm.

팔은 움직이지 말아요.

There's a moment… as if it stops…

점프에서 정지하는 듯한 순간이 오면…

Day 16

Why are you afraid of me?

왜 날 두려워하는 거죠?

I'm not afraid of you, but of your weakness.

당신을 두려워한 것이 아니라, 당신의 나약함이 두려울 뿐이에요.

Your emotional weakness.

감정적인 나약함이요.

Day 17

I'm not weak, I'm expressive.

난 표현적이지 나약하지 않아요.

Could I direct films if I were weak?

내가 약하면 영화감독을 할 수 있겠어요?

I've never seen you direct.

당신이 감독하는 것을 본 적이 없어요.

Day 18

You don't know how to recognize what I do.

내가 뭘 하는지도 모를걸요.

I have eyes.

나도 그 정도 눈은 있어요.

You don't know how to use your eyes.

눈이 있으면 뭐해요.

Day 19

You only want to be looked at.

보고 싶은 것만 보는데.

Not to look.

안 보려고 하는 거죠.

That's why you don't see.

그래서 못 보는 거예요.

Day 20

You know nothing about tango.

탱고에 대해서 아무것도 모르면서.

Maybe I don't want to know anymore!

아마도 더는 알고 싶지 않은 것일 수도 있죠!

Then it's over between us.

우리 사이는 끝난 거죠.

Day 21

You've been using me… to live out your little fantasies.

당신의 환상 속에 살기 위해 나를 이용한 거예요.

Bullshit!

허튼소리!

A big round of applause for Pablo Veron!

파블로 베론에게 큰 박수 부탁드립니다!

Day 22

You really don't know what kind of film it will be?

어떤 영화가 될지는 잘 모르는 거죠?

Not yet.

아직요.

What did you tell the producers?

제작자에게 뭐라 말할 거죠?

Day 23

Shall I teach you something?

내가 좀 알려 줄까요?

Say to me, I am a dancer.

내게 말해 봐요, 난 춤추는 사람이에요.

Where I tell something important to me… that I feel I am a Jew.

내 스스로 중요한 걸 이야기하게 될 때 유대인 같다는 생각이 들어.

Day 24

And you add, And a Jew.

유대인이란 사실을 밝히죠.

I might say that.

그렇게 말할 수 있겠네요.

Maybe I don't want to do that.

그런 건 하고 싶지 않아요.

Day 25

Maybe I don't want to cry.

아마 울고 싶지 않은 것이겠죠.

Anything else you don't want to do?

그럼 어떤 역을 하고 싶죠?

Maybe I don't want to be in your little film.

난 신파는 관심 없어요.

Day 26

Fine, then I'll start looking for someone else.

좋아요, 내가 다른 사람을 찾아볼게요.

And you know our tangos?

우리나라 탱고를 아시나요?

Why not?

당연하죠?

Day 27

You have to have lived⋯ suffered⋯ to understand our tangos.

탱고를 이해하려면 반드시 밑바닥 생활을 거쳐야 하죠.

Are you alone?

혼잔가요?

Is it true you're going to make a film about Tango With Pablo?

파블로와 영화를 만든다는 게 사실인가요?

Day 28

This is it!

이게 딱이에요!

I can rent you··· this half.

방의 반을 빌려드리죠.

What's going on?

무슨 일이죠?

Day 29

You seem different.

달라 보이네요.

We're working, remember?

우린 지금 작업 중이에요.

You seem absent somehow.

정신이 딴 데 있는 것 같아요.

Day 30

Did you enjoy dancing last night?

어젯밤 탱고 출 때 즐거웠나요?

It won't be possible.

그건 곤란할 것 같군요.

How about later?

나중에 할까요?

Day 31

I don't think so.

아니요.

And also, I don't belong in France but I don't belong here either.

난 파리에 속해 있지도 않고 여기에 속해 있지도 않아요.

Afraid of what?

무엇이 두려운데요?

※

Of being someone without roots.

마치 뿌리를 잃은 느낌이에요.

I don't know where I come from nor where I'm going.

내가 어디에서 왔는지 혹은 어디로 가는지 몰라요.

I'm afraid I'll disappear⋯ without leaving a trace.

아무 흔적도 없이⋯ 사라질까 봐 두려워요.

Perhaps that's why we met.

그래서 우리가 만난 거예요.

#궁금해요!

Not to look.

안 보려고 하는 거죠.

부정문을 만들 때 don't를 쓰지 않고 not만 쓰면 되나요?

일반적으로 명령문에서 부정문을 만들 때는 don't를 써요. 하지만 to 부정사의 부정문을 만들 경우는 not만 to do 앞에 써 주면 돼요. to do 사이에 부사를 넣는 것이 아니라 not을 to do 앞에 넣어요.

to do 부정사 사이에 not이 들어갈 때 대화 구문에서는 가능할 수도 있으나 문법적으로는 틀린 그것이 돼요.

Perhaps that's why we met.

그래서 우리가 만난 거예요.

why 대신에 because를 써도 되나요?

That's why는 '그래서 내 의도가 이래서 이렇게 하려는 거다, 또는 이렇게 된 거다'처럼 나의 의지를 보여 주는 내용이 나오며, that's because는 '~ 때문에 이렇게 된 것이다'처럼 변명이나 이유에 관해서 설명할 때 쓰여요.

that's why S + V ~ 그래서 그런 거라고 기억해 두시면 돼요.

You only want to be looked at.

바라봐 주기만을 원하는데.

want 다음에 to look 사이에 be가 왜 들어갔나요?

문장에서 to do부정사는 동사는 안 되지만 형태를 가질 수 있으므로 보는 것이 아닌 보이기를 원하는 것이기 때문에 수동태로 쓰여서 그래요.

#간단한 구문 설명

What did you tell the producers?

제작자에게 뭐라 말할 거죠?

tell + 사람 + 사물 문형으로서 producers에게 what을 물어볼 것인가를 의문문으로 만든 거예요.

what은 의문사이므로 의문문 맨 앞으로 나오게 해서 문장을 만들어요.

Shall I teach you something?

내가 좀 알려 줄까요?

shall I ~는 '제가 이렇게 해 드릴까요?'와 같은 정중한 표현이에요. 조동사를 쓰는 경우는 말을 좀 더 격식 있고 부드럽게 하기 위함이라고 생각하시면 돼요.

teach도 tell과 같이 문형으로 teach + 사람 + 사물 문형으로 4형식에 해당해요. Something은 사물에 해당하고요. 반복적으로 나오는 구문인 만큼 4형식을 간접목적어, 직접 목적이 이렇게 이해하기보다는 목적어가 두 개 오는데 사람이 먼저 오고 그다음 사물이 온다고 기억하면 이해가 쉬워요.

Did you enjoy dancing last night?

어젯밤 탱고 출 때 즐거웠나요?

enjoy + doing에서 enjoy는 동명사를 목적어로 하는 동사예요. 동명사와 to 부정사는 둘 다 동사에서 파생해서 명사구를 가지고 있지만 to 부정사는 미래 지향적이라 plan, decide, wish와 같은 미래지향적 동사들과 쓰여요.

반면, 동명사는 give up, avoid, deny와 같은 하고 있는 상황이나 했던 과거 지향적인 동사들과 쓰여요.

실전 말해 보기 ✍

Day 1

마치 천사의 동작 같았어요.

아니, 사실 그 이상의 뭔가를 느꼈어요.

뭐랄까, 무대 매너가 마치 영화배우 같더군요.

Day 2

뒤로 걷는 게 무척 어렵군요.

자, 그럼 앞으로 걸어 봐요.

난 걸음마도 못 하네요.

Day 3

블랙커피에 뭘 넣으시나요?

블랙이요? 네, 저도 블랙으로 주세요.

정말 훌륭한 댄서입니다. 최고예요!

Day 4

사람들의 연이 어떤 연유로 엮여 있다고 생각하나요?

기회를 믿는지 운명을 믿는지에 달렸다고 생각해요.

무얼 믿으시나요?

Day 5

난 기회가 운명을 만든다고 생각해요.

우리의 의지로요.

질문이 있어요.

Day 6

신을 믿나요?

영화는 포기하기로 했어요.

당신 생각 아니었나요?

Day 7

그래서 우린 뭘 해야 하죠?

개인적인 작품을 만들고 싶어요.

정말 괜찮으니 신경 쓰지 말아요.

Day 8

우리 관계를 좀 더 명확히 해야 할 것 같아요… 제한을 두죠.

저, 하고 싶은 말이 있었어요.

그러니까 예전에 한 번 공과 사를 구분 못 해서 힘든 경험을 한

적이 있어.

Day 9

그런 건 위험해요.

그럴 수 있죠.

그렇게 늦었는지 몰랐어요.

Day 10

어디에 있어요?

우리가 말했던 곳에서 기다렸어요.

모든 게 망가질 수도 있어요.

Day 11

잡념을 버려요.

힘을 더 빼요.

아무것도 하고 있지 않아요.

Day 12

서로의 관심을 우리의 일로 승화하도록 해요.

비난하기보단 격려해 주면 안 되나요?

노력하고 있어요. 진심으로 노력 중이라고요.

Day 13

그냥 해 봐요.

중심을 잃지 말아요.

여기 날 따라와요.

Day 14

당신은 멋대로 하고 있어요.

날 기다려요.

우선 먼저.

Day 15

좀 더 수직으로.

팔은 움직이지 말아요.

점프에서 정지하는 듯한 순간이 오면…

Day 16

왜 날 두려워하는 거죠?

당신을 두려워한 것이 아니라, 당신의 나약함이 두려울 뿐이에요.

감정적인 나약함이요.

Day 17

난 표현적이지 나약하지 않아요.

내가 약하면 영화감독을 할 수 있겠어요?

당신이 감독하는 것을 본 적이 없어요.

Day 18

내가 뭘 하는지도 모를걸요.

나도 그 정도 눈은 있어요.

눈이 있으면 뭐해요.

Day 19

보고 싶은 것만 보는데.

안 보려고 하는 거죠.

그래서 못 보는 거예요.

Day 20

탱고에 대해서 아무것도 모르면서.

아마도 더는 알고 싶지 않은 것일 수도 있죠!

우리 사이는 끝난 거죠.

Day 21

당신의 환상 속에 살기 위해 나를 이용한 거예요.

허튼소리!

파블로 베론에게 큰 박수 부탁드립니다!

Day 22

어떤 영화가 될지는 잘 모르는 거죠?

아직요.

제작자에게 뭐라 말할 거죠?

Day 23

내가 좀 알려 줄까요?

내게 말해 봐요, 난 춤추는 사람이에요.

내 스스로 중요한 걸 이야기하게 될 때 유대인 같다는 생각이

들어.

Day 24

유대인이란 사실을 밝히죠.

그렇게 말할 수 있겠네요.

그런 건 하고 싶지 않아요.

Day 25

아마 울고 싶지 않은 것이겠죠.

그럼 어떤 역을 하고 싶죠?

난 신파는 관심 없어요.

Day 26

좋아요, 내가 다른 사람을 찾아볼게요.

우리나라 탱고를 아시나요?

당연하죠?

Day 27

탱고를 이해하려면 반드시 밑바닥 생활을 거쳐야 하죠.

혼잔가요?

파블로와 영화를 만든다는 게 사실인가요?

Day 28

이게 딱이에요!

방의 반을 빌려드리죠.

무슨 일이죠?

Day 29

달라 보이네요.

우린 지금 작업 중이에요.

정신이 딴 데 있는 것 같아요.

Day 30

어젯밤 탱고 출 때 즐거웠나요?

그건 곤란할 것 같군요.

나중에 할까요?

Day 31

아니요.

난 파리에 속해 있지도 않고 여기에 속해 있지도 않아요.

무엇이 두려운데요?

※

마치 뿌리를 잃은 느낌이에요.

내가 어디에서 왔는지 혹은 어디로 가는지 몰라요.

아무 흔적도 없이… 사라질까 봐 두려워요.

그래서 우리가 만난 거예요.

12. 어떤 이들의 사랑과 용서
사랑과 슬픔의 볼레로

1930년대, 세계는 불기둥처럼 타오르는 전쟁에 휩싸였다. 그 안에서 삶과 죽음의 기로에 서서 사랑과 기쁨과 슬픔을 겪는 사람들의 이야기를 담은 영화, 끌로드 를르슈 감독의 〈사랑과 슬픔의 볼레로(Bolero)〉(1981)를 소개한다.

이 영화는 2차 세계대전이 시작된 1930년대 프랑스, 독일, 러시아, 미국의 모습을 담고 있다. 전쟁을 몸소 겪은 세대의 이야기로 시작해서 전쟁이 끝난 뒤 새로운 시대를 살고 있는 세대까지 폭넓게 아우른다. 1930년대부터 1980년대까지의 모습을 담고 있어 부모 세대와 자녀 세대가 한 영화 안에 등장하고, 전쟁 통에 피우지 못했던 부모 세대의 예술적인 재능이 자녀 세대로 이어져 꽃피우는 모습을 담고 있다.

이들은 서로가 다른 지역에서 서로의 존재를 알지 못한 채 살아가지만, 그 누구보다 뜨겁게 예술을 사랑하며 살아간다. 영화 속에 등장하는 인물들은 감독이 의도적으로 실존 인물을 투영하여 만들어 낸 가상인물들로 조세핀 베이커, 헤르베르트 혼 카라얀, 글렌 밀러, 에디뜨 빠아프, 루돌프 누레예프 등의 세기적 예술인들을 연상시킨다. 남성 지휘자, 여성 샹송가수, 스윙 재즈 대가, 서구 세계로 망명하는 발레리노는 앞서 열거한 유명 예술인들의 삶을 투영시켜 더 생생하게 느껴진다.

이 영화의 가장 인상적인 장면은 단연코 엔딩이라 할 수 있는데, 에펠탑 앞에 모인 젊은이들이 원형 단상에 올라서서 라벨의 〈Bolero(볼레로)〉 연주에 맞춰 노래하고 춤춘다. 장장 17분간 이어지는 긴 장면이지만 좀처럼 눈을 떼기 어렵다. 모리스 베자르 안무로 선보이는 군

323

무는 반복되는 리듬에 맞춰 단순해 보이지만 강렬한 인상을 남긴다. 전쟁이 삶을 집어삼켜도, 빠르게 변화하는 현대 사회가 우리를 흔들어도, 이들은 예술 안에서 하나가 되는 모습을 보여 준다. 국가도, 이념도, 종교도, 피부색도 뜨거운 열정 앞에선 그 어떤 장애도 되지 않는다.

전쟁의 억압으로 예술적 날개를 펼쳐 보지 못한 부모 세대와, 그 재능을 물려받아 화려하게 날개를 펼쳐 날아오르는 자녀 세대. 두 세대의 이야기는 21세기를 살고 있는 우리에게도 진한 감동과 여운을 남긴다. 영화에는 이런 대사가 등장한다. "전쟁을 안다면 사람들은 전쟁을 일으키지 않을 거야. 사랑을 모르는 사람이 할 짓일 거야." 적진으로 향하는 군인의 발걸음은 그 어느 때보다 무겁고 눈은 슬피 울고 있지만 마음에는 싹트지 못한 사랑이 숨겨져 있다. 이 영화를 관통하는 대사이며 우리 모두는 사랑 없이 살 수 없음을 느끼게 한다.

그 어둠의 시기를 보내고 난 뒤 언제 그랬냐는 듯 다시 태양이 뜨고 새로운 날들이 찾아오기 마련이다. 이 영화의 원제목인 '어떤 이들과 다른 이들(Les et les Autres)'처럼 우리는 누군가와 끊임없이 사랑하고 이별하고 싸우고 또 용서하며 살아간다. 코로나로 수없이 많은 이별과 아픔이 있었다. 하지만 시작이 있으면 끝이 있고, 슬픔이 있으면 또 다른 희망이 찾아오리라는 걸 우리 모두가 알고 있다. 억압이 끝이 나면 자유가 기다리는 것처럼, 힘든 시기이지만 모두가 극복해 나가고 있음을 잊지 말자.

도전 스크린 영어 🎵

Day 1

The men and women you're about to meet made their way into this film··· because their story was most incredible··· or quite ordinary.

여러분들은 이제 이 영화 속 사람들과 만나게 됩니다. 아주 극적인 삶을 살거나 그냥 보통 사람들입니다.

All the characters they'll play exist or have existed.

이 영화의 모델은 실존했거나 현존 인물들입니다.

You're in your bubble, you think you're in champagne···

샴페인 거품처럼 변덕스러워라.

Day 2

Must not change your look with the boys of the duke.

공작처럼 우쭐하게, 기죽지 말아요.

I give you Gina and Ginette. A good round of applause.

지나와 지네테를 소개합니다. 큰 박수 부탁드립니다.

You want more, huh?

좀 더 계속할까요?

Day 3

Have you booked?

예약하셨습니까?

It's not going too well.

시작이 안 좋군요.

Happy new year. Happy new year to all.

새해가 왔어요. 여러분, 복 많이 받으세요.

Day 4

Tonight, I celebrate the new year with your son and neighbours.

오늘 밤 당신 아들과 이웃들과 함께 새해를 축하했어요.

And on top of it, he plays well.

우선 솜씨가 뛰어나니까.

For a white man, it's very good indeed.

백인치곤 정말 잘하는데요.

Day 5

I've got an idea.

생각이 있긴 한데.

Don't know if it's a good one…

좋은 생각인지는 모르겠어요.

I don't think gained too much weight.

체중이 많이 느 것 같지는 않아요.

Day 6

Wait for me, I will be back.

기다려 줘, 돌아올 거야.

But I give you my word of honour, officer ⋯ there's no
Israelite in our school.

내 명예를 걸고 말하는데, 장교님 학교에 유대인은 없어요.

So, wasn't I right to make you learn them?

내 말대로 하니까 괜찮지?

Day 7

Yesterday I sent you a parcel via the Red Cross.

어제 적십자를 통해 소포를 보냈어.

Don't worry, it's no sacrifice.

딴 걱정하지 말아요, 고생 아니에요.

We're asking you to remain calm and composed.

여러분, 질서를 지켜 주십시오.

Day 8

Families will not be broken up.

가족들이 헤어지는 일은 없습니다.

327

We don't know how long it will take, so···

얼마가 걸릴지도 모릅니다.

Thanks a million times.

대단히 감사드립니다.

Day 9

Why do I call you?

왜 전화했겠어?

Never a man who has known war will ever be able to declare another one.

전쟁을 안다면 사람들은 전쟁을 안 일으킬 거야.

Now, I'm sure there'll only be losers.

그래, 분명해. 패배자들만 남을 뿐이야.

Day 10

Exit B.

B 출구입니다.

You'll only add to the confusion.

혼란만 가중됩니다.

Everyone was very nice to Tatiana.

모두 타티아나에게 친절했다.

Day 11

We could talk about it some time?

그래, 나중에 이야기할까?

Good. I'm glad.

그건 다행이군요.

We're closing at the end of the week.

주말에 문 닫아.

Day 12

She hadn't found anyone who'd forgive her wartime love affairs.

아무도 그녀의 전시의 일을 용서하지 않으려 했다.

She makes you shy?

너 내숭 떠냐?

A sip of beer?

맥주 한잔?

Day 13

Want to hear a joke?

웃기는 이야기 할까?

That's it. They're reading the paper together now.

나란히 신문을 읽는군.

You're such an idiot.

이 바보야.

Day 14

Francis, you didn't tell me about her.

프란시스 애인 이야기 없었잖아.

As if History had no imagination. 20 years earlier, 20 years

later. From a world war to an Algerian war.

역사에는 상상력이 없듯이. 20년 전이나, 20년 후나 세계대전

부터 알제리 전쟁까지.

I'd like to speak to Mr. Michel.

미셸 씨 좀 바꿔 주시겠어요?

Day 15

She'd revealed her secret to her friends.

친구들에게 비밀을 털어놨습니다.

Her life had stopped here, one night in 1942.

그녀의 삶은 여기, 1942년 그날 밤에 멈췄죠.

In a tragic car accident. Their father, Jack Glenn, was

seriously injured.

비극적인 교통사고였고 아버지 잭 글렌은 중상이었습니다.

Day 16

Father managed to redeem everything.

330

아버진 모든 면에서 외모와 지성을 겸비하셨지.

That's life.

그게 인생이지.

I don't mind my wife being stolen but not my wallet.

마누라는 넘봐도, 내 지갑은 안 돼.

Day 17

Incredible, what happened tonight in New York⋯ for the first concert of Karl Kremer.

오늘 밤 뉴욕에서 있는 칼 크래머의 첫 공연에서 믿지 못할 일이 있었습니다.

You must call up a press conference.

당신은 기자회견을 해야만 해.

They had met at law school.

그들은 법대에서 만난 사이였죠.

Day 18

Richard, who was unemployed, was lending everyone a hand.

실업자인 리처드는 사람들에게 돈을 빌리고 있었죠.

A word for yesterday's dictionaries.

사전 속 옛말.

You could have let us know you'd been discharged.

제대했다고 알리긴 했어야지.

Day 19

So you refuse to defend me?

그래서 내 변호를 못 하겠다고?

So, did you get the results?

결과는 어떻대?

Nothing's wrong.

아무 문제가 없다네.

Day 20

Have I not done my best for you?

당신한테 최선을 다한 적이 없었어?

Is it final?

마지막인 거예요?

You know why I'm here today?

오늘 여기 왜 온 줄 알아요?

Day 21

Eva, I beg you.

에바, 용서해 줘.

Don't be ridiculous.

웃기지 말아요.

What more could we say?

더 뭐라고 말하지?

Day 22

Likable?

호감형?

She looked like you.

넌 엄마를 닮았어.

I saw you last week on television.

지난주 TV에서 널 봤다.

Day 23

If you've managed to keep 3 or 4 good friends⋯ after twenty years⋯ you can always tell yourself you're successful.

20년을 사귄 서너 명의 지기가 있다면 그 사람은 성공했다고 할 수 있지.

The truth is harsh, huh?

내 말 잘못됐어?

How does one become an announcer?

어떻게 아나운서가 되었어요?

Didn't they show up either?

아무도 마중 안 나왔어요?

You haven't changed, you know.

하나도 안 변했네요.

Divorced. Well, in the process of divorcing.

이혼했어요. 음, 이혼 절차 중이에요.

We won't be seeing each other tonight.

오늘 밤엔 우리 못 볼 거야.

If only it was just a housing problem.

단지 거처의 문제가 아니야.

You can't judge me during this transition phase.

과도기라 그래.

We'll speak after breakfast.

아침 먹고 이야기해.

What are you doing here?

어쩐 일이야?

How did it happen?

어쩌다 그랬는데?

Day 27

I've spent all night on him.

그와 같이 밤을 새웠는데.

Put on your jacket.

어서 옷 입어.

Do I know her?

나랑 아는 사이야?

Day 28

A day full of surprises.

놀라운 하루군.

I thought I had more charm than this jerk.

내가 저놈보다 낫지 않나.

She's telling you. It's over.

자네에게 끝났다고 말하잖아.

Day 29

She may look older than she actually is…

그녀는 실제 나이보다 더 나이 들어 보일지도 모른다.

However one shouldn't jump to conclusions.

두고 보면 알 거라고 대답했습니다.

I don't understand. You could have come sooner.

이해가 안 가는군요. 진작 좀 찾아오시지.

Day 30

You should have written this book sooner.

이 책을 진작 좀 쓰지.

It is unbelievable.

믿기지 않네요.

Please be seated.

앉으세요.

Day 31

Every two weeks.

2주마다.

She was always hoping.

그녀는 항상 (희망을) 바라고 있었다.

UNICEF and the Red Cross organise….

어제 전화로 말씀드린 유니세프와 적십자입니다.

#궁금해요!

I've got an idea. Don't know if it's a good one…
생각이 있긴 한데. 좋은 생각인지는 모르겠어요.

if는 ~라면 아닌가요?

know + if + 주어 + 동사 문형에서 if는 '~인지 아닌지'로 해석해야 해요. 여기서는 '좋은 것인지 아닌지 모르겠다.'와 같이 해석되는 거예요.

But I give you my word of honour, officer … There's no Israelite in our school.
내 명예를 걸고 말하는데, 장교님 학교에 유대인은 없어요.

There is를 왜 쓴 거죠?

There is는 '~이 있다', There are는 '~들이 있다'라고 해석하면 돼요. There + be + 주어인데 여기서 주어가 cookies와 같이 복수면 There are를 써야 하고, a cookie처럼 단수이면 There is를 써야 해요. There가 문장 뒤에 단독으로 쓰일 때만 '거기에'라고 해석돼요.

She makes you shy?

너 내숭 떠냐?

단어가 4개인데 어떻게 해석이 되는 건가요?

make + 목적어 + (목적) 보어로서 you를 shy 하게 make 하게 한다. 즉 '너를 부끄럽게 만든다.'처럼 해석하면 돼요. 여기서 목적 보어로 형용사 shy가 쓰인 거예요.

이렇게 S(주어) + V(동사) + O(목적어) + O.C(목적 보어) 되는 문형을 5형식이라고 해요.

Didn't they show up either?

아무도 마중 안 나왔어요?

either는 뭔가요?

'그들도 또한 안 나왔어요?'라는 뜻인데 원래 '역시, 또한'으로는 too를 쓰지만 '안 나왔어요.'라는 부정문에서 역시나 안 나왔다고 할 때는 too가 아닌 either를 사용해요.

부정문에 대한 긍정을 말할 때는 either를 쓰는 거예요.

#간단한 구문 설명

You know why I'm here today?

오늘 여기 왜 온 줄 알아요?

know+ Wh 절로서 you—주어, know—동사, why I'm here today—목적어(명사절)이 됩니다.

문장형식은 S + V + 목적어 3형식이며, why로 시작하는 이 종속절이 명사절로 know의 목적어가 되는 것이지요. 종속절 안에는 S + V 주어 + 동사 순서로 정상어순으로 써요.

She may look older than she actually is …

그녀는 실제 나이보다 더 나이 들어 보일지도 모른다.

look + 보어는 '~하게 보이다', 형용사 old를 넣어서 '나이 들어 보인다'인데 비교급과 만나서 older + than— '실제 나이보다 더 나이 들어 보일지도 모른다'가 되는 거예요. may는 추측의 의미로 '~일지도 모른다'고 해석해요.

실전 말해 보기

Day 1

여러분들은 이제 이 영화 속 사람들과 만나게 됩니다.

아주 극적인 삶을 살거나 그냥 보통 사람들입니다.

이 영화의 모델은 실존했거나 현존 인물들입니다.

샴페인 거품처럼 변덕스러워라.

Day 2

공작처럼 우쭐하게, 기죽지 말아요.

지나와 지네테를 소개합니다. 큰 박수 부탁드립니다.

좀 더 계속할까요?

Day 3

예약하셨습니까?

시작이 안 좋군요.

새해가 왔어요. 여러분, 복 많이 받으세요.

Day 4

오늘 밤 당신 아들과 이웃들과 함께 새해를 축하했어요.

우선 솜씨가 뛰어나니까.

백인치곤 정말 잘하는데요.

Day 5

생각이 있긴 한데.

좋은 생각인지는 모르겠어요.

체중이 많이 는 것 같지는 않아요.

Day 6

기다려 줘, 돌아올 거야.

내 명예를 걸고 말하는데, 장교님 학교에 유대인은 없어요.

내 말대로 하니까 괜찮지?

Day 7

어제 적십자를 통해 소포를 보냈어.

딴 걱정하지 말아요, 고생 아니에요.

여러분, 질서를 지켜 주십시오.

Day 8

가족들이 헤어지는 일은 없습니다.

얼마가 걸릴지도 모릅니다.

대단히 감사드립니다.

Day 9

왜 전화했겠어?

전쟁을 안다면 사람들은 전쟁을 안 일으킬 거야.

그래, 분명해. 패배자들만 남을 뿐이야.

Day 10

B 출구입니다.

혼란만 가중됩니다.

모두 타티아나에게 친절했다.

Day 11

그래, 나중에 이야기하지.

그건 다행이군요.

주말에 문 닫아.

Day 12

아무도 그녀의 전시의 일을 용서하지 않으려 했다.

너 내숭 떠냐?

맥주 한잔?

Day 13

웃기는 이야기 할까?

나란히 신문을 읽는군.

이 바보야.

Day 14

프란시스 애인 이야기 없었잖아.

역사에는 상상력이 없듯이. 20년 전이나, 20년 후나 세계대전

부터 알제리 전쟁까지.

미셸씨 좀 바꿔 주시겠어요?

Day 15

친구들에게 비밀을 털어놨습니다.

그녀의 삶은 여기, 1942년 그날 밤에 멈췄죠.

비극적인 교통사고였고 아버지 잭 글렌은 중상이었습니다.

Day 16

아버진 모든 면에서 외모와 지성을 겸비하셨지.

그게 인생이지.

마누라는 넘봐도, 내 지갑은 안 돼.

Day 17

오늘 밤 뉴욕에서 있는 칼 크래머의 첫 공연에서 믿지 못할 일이

있었습니다.

당신은 기자회견을 해야만 해.

그들은 법대에서 만난 사이였죠.

Day 18

실업자인 리처드는 사람들에게 돈을 빌리고 있었죠.

사전 속 옛말.

제대했다고 알리긴 했어야지.

Day 19

그래서 내 변호를 못 하겠다고?

결과는 어떻대?

아무 문제가 없다네.

Day 20

당신한테 최선을 다한 적이 없었어?

마지막인 거예요?

오늘 여기 왜 온 줄 알아요?

Day 21

에바, 용서해 줘.

웃기지 말아요.

더 뭐라고 말하지?

Day 22

호감형?

넌 엄마를 닮았어.

지난주 TV에서 널 봤다.

Day 23

20년을 사귄 서너 명의 지기가 있다면 그 사람은 성공했다고 할
수 있지.
내 말 잘못됐어?
어떻게 아나운서가 되었어요?

Day 24

아무도 마중 안 나왔어요?
하나도 안 변했네요.
이혼했어요. 음, 이혼 절차 중이에요.

Day 25

오늘 밤엔 우리 못 볼 거야.
단지 거처의 문제가 아니야.
과도기라 그래.

Day 26

아침 먹고 이야기해.
어쩐 일이야?
어쩌다 그랬는데?

Day 27

그와 같이 밤을 새웠는데.

어서 옷 입어.

나랑 아는 사이야?

Day 28

놀라운 하루군.

내가 저놈보다 낫지 않나.

자네에게 끝났다고 말하잖아.

Day 29

그녀는 실제 나이보다 더 나이 들어 보일지도 모른다.

두고 보면 알 거라고 대답했습니다.

이해가 안 가는군요. 진작 좀 찾아오시지.

Day 30

이 책을 진작 좀 쓰지.

믿기지 않네요.

앉으세요.

Day 31

2주마다.

그녀는 항상 (희망을) 바라고 있었다.

어제 전화로 말씀드린 유니세프와 적십자입니다.

부록

〈러브 어페어(Love affair)〉(1994)

> The trick in life isn't getting what you want··· It's wanting it
> after you get it.
> 인생의 묘미는 무엇을 원하는 것이냐가 아니라··· 원하는 것을 얻은 후
> 에도 그것을 원하는 거야.

〈인턴(Intern)〉(2015)

> You should feel nothing great about what you've done.
> 당신이 해 온 일이 대단한 것이라고 느껴야만 해요.
> I just know there's hole in my life and I need to fill it.
> 난 내 인생에 구멍이 있다는 것을 막 알았고 그것을 채워야만 해요.
> I'm here to learn about your world.
> 난 당신 세상에 대해 배우고자 여기에 왔어요.
> You're never wrong to do the right thing.
> 옳은 일을 하는 것은 절대 잘못된 일이 아니에요.
> I read once, musicians don't retire. They stop what there's no
> more music in them. Well, I still have music in me, absolutely

positive about that.

언젠가 한번 읽었었죠, 음악가들은 은퇴가 없다고요. 그들 자신 안에 더 이상 음악이 존재하지 않을 때 그만둔다네요. 글쎄요, 전 여전히 내 안에 음악이 있고, 그것에 대해서 당연히 긍정적이라 생각해요.

The handkerchief is to lend to others rather than possession for me.

손수건은 나를 위한 것이 아니라 남에게 빌려주라고 있는 것이지.

Work and love, love and work. That's all life.

일하고 사랑하고, 사랑하고 일하라. 그것이 인생의 전부이다.

Experience never gets old. Experience never goes out of fashion.

경험은 늙지 않는다. 경험은 결코 시대에 뒤처지지 않는다.

〈아이 엠 샘(I am Sam)〉(2001)

A good parent, it's about constancy, and about patience, and it's about listening. And it's about pretending to listen even when you can't listen anymore.

좋은 부모는 한결같아야 하고, 기다릴 줄 알아야 하고, 잘 들어 주어야 한다. 그리고 더 이상 들어 줄 수 없을 때조차도 들어 주는 척할 줄 알아야 한다.

I worry if they take Lucy away from her father, they will take away an enormous piece of her, and I worry that she will spend the rest of her life trying to fill that hole.

전 그들이 루시에게서 아빠를 떨어뜨려 놓는다면, 그들이 그녀의 엄청 난 부분을 빼앗아 가는 것을 걱정하는 것이고, 루시가 그 구멍을 채우 기 위해 그녀의 인생을 허비할 것이라는 것을 걱정하는 거예요.

I would never let that happen to you.

너에게 절대 그런 일이 생기도록 하지 않을게.

Don't be sorry. I'm lucky. Nobody else's daddy ever comes to the park.

미안해하지 마세요. 전 운이 좋아요. 다른 아이들의 아빠들은 절대 같 이 공원에 안 가요.

Love is all we need.

우리가 필요한 것은 사랑뿐이에요.

〈플립(The flipped)〉(2010)

Every once in a while, you find someone who's iridescent.

And when you do, nothing will ever compare.

인생에서 한 번, 너는 무지갯빛인 누군가를 만나게 되지.

그리고 만났을 때, 무엇도 비교할 수 없게 되지.

〈버킷리스트: 죽기 전에 꼭 하고 싶은 것들(The bucket list)〉(2007)

Have you found joy in life?

인생에서 즐거움을 찾았는가?

Have your life made others happy?

인생에서 다른 사람들을 행복하게 만들었는가?

350

I thought I would be free if I knew what time I had left.

But it wasn't.

난 죽을 날이 얼마나 남았는지 알게 되면 자유로워질 줄 알았다.

그러나 아니었다.

It may sound selfish, but the last few months of his life were the best for me.

이기적으로 들릴지도 모르지만, 그 인생의 마지막 몇 달이 제겐 최고의 시간이었어요.

Life goes on like a wheel.

인생은 수레바퀴처럼 계속 가지.

Find the joy in your life!

인생에서 즐거움을 찾아!

〈그래비티(The gravity)〉(2013)

If you decide to go, Then you gotta just get on with it.

만일 가기로 했다면, 그렇다면 그냥 해야만 해.

〈주토피아(Zootopia)〉(2016)

Life is all a little bit messy. We all make mistakes.

인생은 실수투성이지. 우리 모두는 실수를 해.

〈노팅힐(Notting Hill)〉(1999)

Surreal but… um, but nice.

만남이 믿어지진 않지만, 좋았어요.

I don't know what to say. Well, I think, 'good bye' is traditional.

뭐라 말해야 할지 모르겠네요. 글쎄요, '잘 가요'라고 하죠.

Stay forever!

영원히 있어도 돼요!

It's just that I've dealt with this garbage for ten years. You've had it for ten minutes. Our perspectives are very different.

난 10년 동안 이런 지저분한 일을 겪어 왔어요. 당신은 10분을 겪었죠. 우리의 관점이 매우 다른 거죠.

With you, I'm in real danger. My relatively inexperienced heart would, I fear, not··· recover. If I was··· once again, cast aside, as I would absolutely expect to be.

당신과 있으면, 난 위험하죠. 상대적으로 경험이 부족해서, 난 두려워요. 회복이 안 될까 봐···. 만일 한 번 더 버린다면, 나는 그러리라 확신해요.

The fame thing isn't really real, you know.

알다시피, 유명한 것은 진짜가 아니에요.

Don't forget. I'm also just a girl, standing in front of a boy, asking him to love her.

잊지 마요. 전 단지 한 소년 앞에서 사랑을 원하는 소녀일 뿐이라는 것을요.

Indefinitely.

영원히요.

I live in Notting Hill. You live in Beverly Hills.

난 노팅힐에 살고, 당신은 비벌리힐스에 살죠.

I just wondered whether… if Mr Thacker realized he'd been a daft prick and got down on his knees and begged you to reconsider, whether you would… in fact, then… reconsider.

궁금해서 그러는데… 혹시 데커 씨가 그가 어리석었다는 것을 깨닫고 무릎을 꿇고 다시 한 번 생각해 달라 빈다면, 혹시 다시 생각해 주실 수도 있는 건지 궁금합니다.

〈와일드(Wild)〉(2015)

I have promises to keep and miles to go Before I sleep

내겐 지켜야 할 약속과 잠들기 전 가야 할 길이 있다.

If your nerve deny you, go above your nerve.

몸이 그대를 거부하거든 몸을 초월하라.

After I lost myself in the wilderness of my grief I found my way out of the woods

무성한 슬픔의 숲에서 나를 잃어버린 후에야 숲에서 빠져나오는 길을 찾아냈다.

* 영화 〈와일드〉 속 셰릴은 에밀리 디킨슨과 로버트 프로스트의 말을 되새기며 한 걸음씩 옮긴다.

〈원더(Wonder)〉(2017)

Be kind, for everyone you meet is fighting a hard battle.

힘겨운 싸움을 하는 모든 이들에게 친절하라.

Auggie can't change the way he looks. So, maybe we can change the way we see.

어기의 외모는 바꿀 수가 없어요. 그러니 우리의 시선을 바꿔야죠.

When given the choice between being right or being kind, choose kind.

옳음이냐 친절함이냐를 선택해야 할 때, 친절함을 선택해라.

You just have to say that because you are my mom.

네 엄마니까 그러는 거잖아.

Because I'm your mom, it doesn't count? Because I'm your mom, it counts the most, PIC I know you the most

네 생각은 엄마라서 안 중요해? 엄마 생각이니까 제일 중요한 거야. 너를 제일 잘 아니까.

〈사일런스(Silence)〉(2016)

I fought against your silence

저는 당신의 침묵과 싸웠습니다.

God sends us trials to test us, and everything He does is good, but why must their trial be so terrible?

주님께서 주시는 시험은 선한 것이라 알고 있습니다. 하나 왜 저들의 시험은 저리 가혹해야 합니까?

〈뷰티풀 라이(The good lie)〉(2015)

If you want to go fast, Alone. If you want to go far, go together.

빨리 가고 싶다면 혼자 가라. 멀리 가고 싶거든 함께 가라.

〈보이저스(Voyagers)〉(2021)

We didn't ask to be here.

우리가 선택해서 온 것도 아니잖아요.

You gotta decide What kind of person you want to be.

어떤 사람이 될지는 네가 결정해야 해.

〈캐스트 어웨이(Cast away)〉(2000)

You are not alone.

당신은 혼자가 아니에요.

I gotta keep breathing because tomorrow The Sun will rise. who know at the tide Could being?

계속 숨을 쉬어야지. 내일도 해가 뜰 거니까. 파도가 뭘 가져다줄지 누가 알아?

〈쉐이프 오브 워터: 사랑의 모양(The shape of water)〉(2018)

Unable to perceive the Shape of you, I found you are around me. you are presence fills my eyes with your love, It humbles my heart, For you are everywhere.

그대의 모양 무언지 알 수 없네. 내 곁엔 온통 그대뿐. 그대의 존재가 사랑으로 내 눈을 치우고 내 마음 겸허하게 하네. 그대가 모든 곳에 존재하기에.

〈히든 피겨스(Hidden figures)〉(2016)

Here at NASA, we all pee the same color.

(백인이든 흑인이든) 나사에서 모두가 같은 색 소변을 본다.

Any apart movement is movement for us all.

누구의 도약이든 우리 모두의 도약이야.

〈콜 미 바이 유어 네임(Call me By Your name)〉(2017)

We rip out so much of ourselves to be cured of things faster,

What we go bankrupt by the age of thirty, and have is to offer

It's time to start with someone new.

상처를 빨리 아물게 마음을 잔뜩 떼어 내다간, 서른쯤 되었을 땐 남는 게 없지. 그럼 새로운 인연에게 내어 줄 게 없단다.

〈뷰티풀 보이(Beautiful boy)〉(2018)

What I feel For You is everything.

널 향한 내 마음은 모든 것이야.

I love you more than everything.

널 세상 모든 것보다 사랑해.

I don't think you can save people. You can't be there for

them.

우리가 사람들을 구할 순 없어. 하지만 곁에 있어 줄 수는 있어.

〈리암 갤러거(Liam gallagher : AS it W was)〉(2020)

I don't wanna spend the rest of my days in pubs. I know and
It's time to go to bed now.

남은 인생을 술집에서 보내고 싶지 않아. 이젠 자러 갈 시간을 아는 나
이야.

The pupure purpose of Life is to fight maturity.

성숙하지 않기 위해 싸우는 것이 인생의 목적이야.

〈더 스파이(The courier)〉(2020)

Maybe we are only two people, but This is how things
change.

우린 겨우 두 사람이지만, 세상은 이렇게 변하는 거야.

〈스포트라이트(Spotlight)〉(2015)

Sometimes It's Easy To Forget that we spend most of our time
stumbling around The dark.

우리는 때때로 대부분의 시간을 어둠 속에서 비틀거리며 보낸다는 것
을 잊기 쉽다.

Suddenly a light gets turned on And there's a fair share on
blame to go around.

그러다 갑자기 불을 켜면 탓할 것들이 너무 많이 보이죠.

〈나인(Nine)〉(2009)

Do not grow old, no matter How long you live

나이가 아무리 많아져도 늙지 말라.(* 아인슈타인)

Don't stop being child

아이의 호기심을 잃지 마.

〈스파이더맨: 뉴유니버스(Spider-Man: Into the Spider-Verse)〉(2018)

It's a choice.

내가 선택한 거야.

The first step getting the things you want out of Life is this:

decide What you want.

인생에서 원하는 것을 얻기 위한 첫 단계는 내가 원하는 게 무엇인지

를 결정하는 것이다.

〈플로리다 프로젝트(The Florida project)〉(2018)

Do you know why This is my favorite tree? 'Cause I tipped

over And It's still growing.

내가 이 나무를 왜 제일 좋아하는지 알아? 쓰러져도 계속 자라기 때문

이야.

〈북스마트(Book smart)〉(2021)

I had to prove that I was better than you.

내가 낫다는 걸 증명해야 했어요.

What took him four years, We are doing in one night.

걔들이 4년 논 거, 우리가 하루 만에 따라잡자.

〈에브리데이(Every Day)〉(2018)

The truly wise person is colorblind.

진정 현명한 사람은 색맹이다.

〈퓨리(Fury)〉(2014)

Help me get one more.

한 명만 더 구하게 하소서.

Ideals are peaceful, history is violent.

이상은 평화롭지만, 역사는 폭력적이지.

〈1917〉(2019)

Down to gehenna or up to throne, he travels The fastest who travels alone.

지옥으로 가든 왕좌로 가든 홀로 가는 자가 가장 빠른 법이다.

I hoped to day mate be a good day. hope is a dangerous thing.

오늘은 끝날 거란 희망이 있었다. 희망은 위험한 거지.